Liisi Eenmaa

Tomada de decisão orientada por dados no recrutamento

ScienciaScripts

Imprint

Cover image: www.ingimage.com

This book is a translation from the original published under ISBN 978-613-9-98412-1.

Publisher:
Sciencia Scripts
is a trademark of
Dodo Books Indian Ocean Ltd. and OmniScriptum S.R.L Publishing group
Str. Armeneasca 28/1, office 1, Chisinau-2012, Republic of Moldova, Europe
Printed at: see last page
ISBN: 978-620-5-24113-4

Liisi Eenmaa

Tomada de decisão orientada por dados no recrutamento

UNIVERSIDADE DE TECNOLOGIA DE TALLINN

School ofBusiness and Governance

Departamento de Administração de Empresas

Liisi Eenmaa

TOMADA DE DECISÕES EM MATÉRIA DE RECRUTAMENTO COM BASE EM DADOS

Gestão de Recursos Humanos do Programa

Tallinn 2018

ÍNDICE

ABSTRACT

Muitas funções empresariais estão a utilizar a tomada de decisão orientada para os dados para melhorar o seu desempenho. Recentemente, o recrutamento tem seguido os mesmos passos e, lenta mas seguramente, muitas organizações estão também a tornar-se mais orientadas para os dados nos seus processos de recrutamento.

O objectivo da tese de mestrado é compreender como os startups e as empresas estonianas, que estão a utilizar uma abordagem de tomada de decisão baseada em dados, melhoraram os seus resultados ao acompanharem e analisarem as métricas durante o processo de recrutamento.

A investigação qualitativa com entrevistas semi-estruturadas é conduzida para obter respostas à questão da investigação: de que forma a tomada de decisões orientadas pelos dados ajudou os recrutadores a tornar os seus processos mais eficientes. As entrevistas são analisadas com base no conteúdo e na análise cruzada de casos, com base nas etapas do processo de recrutamento que são delineadas no final da parte teórica.

A principal constatação é que as empresas, que tomaram decisões com base em dados, melhoraram os seus processos de recrutamento. A etapa de recrutamento mais controlada é a criação de anúncios de emprego e a escolha de canais. A principal métrica aí medida é a fonte de candidatos, uma vez que encontrar grandes candidatos é um ponto de dor comum para as empresas. No entanto, os exemplos mais significativos de melhorias provêm do rastreio da métrica de conversão do pipeline de candidatos na fase de entrevista. O rastreio e análise bem sucedidos levaram as empresas a contratar candidatos de melhor qualidade muitas vezes mais rapidamente.

Como conclusão, pode dizer-se que as empresas que adoptaram uma abordagem mais sistemática e estratégica na tomada de decisões em matéria de recrutamento, mostram grandes melhorias nos seus processos, sugere-se que outras empresas sigam esta abordagem para se tornarem mais eficientes no recrutamento.

Palavras-chave: condução de dados, métrica, recrutamento, lean

INTRODUÇÃO

A tomada de decisões baseada em dados ou em provas afectou muitos campos diferentes, desde empresas privadas à medicina (Baba, HakemZadeh 2012) até mesmo à educação (Mandinach 2012) e, dentro destes campos, também diferentes profissões. O recrutamento como uma função mudou em empresas não tradicionais. Por exemplo, o recrutamento é uma das funções centrais nas empresas em fase de arranque, enquanto que costumava ser uma função de apoio às empresas tradicionais. Isto significa mais responsabilidade e maior carga de trabalho para a equipa de recrutamento. Para ter sucesso, é importante tornar os processos de recrutamento tão eficientes quanto possível. A aplicação dos princípios lean ao recrutamento é uma forma de o fazer.

O objectivo desta tese é compreender como é que a tomada de decisão orientada pelos dados pode ser benéfica para os RH e, mais precisamente, para o recrutamento, tem sido argumentado, ft, que os RH em geral devem avançar para a tomada de decisão orientada pelos dados para serem competitivos (por exemplo, Rousseau, Barends 2011; Van der Togt, Rasmussen 2017; Marler, Fisher 2013).

O recrutamento utiliza e trata muitos dados todos os dias. A tese actual irá analisar o que pode ser definido como dados de recrutamento, por exemplo, dados relacionados com a identificação de necessidades de contratação, processo de entrevista, inquéritos de feedback aos candidatos e dados relacionados com anúncios de emprego, etc. Para se manterem competitivas no mercado de trabalho, as organizações precisam de começar a utilizar a informação que está nas mãos dos recrutadores e fazer o melhor uso possível da mesma. A utilização correcta dos dados permite aos recrutadores e a toda a organização tomar uma melhor decisão. Por exemplo, onde colocar um emprego, o que melhorar no processo de contratação para ter uma melhor e mais rápida taxa de sucesso no preenchimento de uma posição, como melhorar o processo de planeamento, etc.

Uma vez que a tomada de decisões com base em dados se tornou amplamente discutida e baseada na experiência pessoal do autor, está a tornar-se mais popular entre as empresas na Estónia, então o tema pareceu relevante para ser estudado. De momento, não houve quaisquer estudos sobre o recrutamento orientado por dados na Estónia.

Esta tese vai mais fundo na tomada de decisões de recrutamento em diferentes etapas do processo de recrutamento e tenta compreender como é que a tomada de decisões com base em dados ajuda as empresas de elevado crescimento na Estónia a recrutar melhor.

A questão de investigação para a qual o autor procura obter uma resposta é de que forma a tomada de decisão orientada pelos dados ajudou os recrutadores a tornar os seus processos mais eficientes. Para obter a resposta, foi realizada uma investigação qualitativa exploratória com análise de conteúdo e de casos cruzados. 12 empresas estonianas foram entrevistadas para esta investigação. Como resultado da tese, é delineado um processo de recrutamento juntamente com métricas que podem ser medidas em cada etapa. Além disso, são divulgados os conhecimentos práticos e as melhores práticas.

Na primeira parte da tese, descreve-se um quadro teórico de evolução orientada para os dados. Em primeiro lugar, dá uma visão geral da história de como a abordagem orientada pelos dados evoluiu, incluindo conceitos relacionados como a produção magra e o arranque de empresas magras. Isto leva a processos de recrutamento e como utilizar os dados no recrutamento para se tornar mais eficiente. A segunda parte da tese concentra-se na investigação. Na primeira, a metodologia é delineada, incluindo a formação do grupo de amostra e o curso da investigação, bem como os métodos de análise. Em segundo lugar, são apresentados os resultados da investigação. A terceira parte da tese consiste nos resultados e discussões.

1. PANORAMA TEÓRICO

1.1. Antecedentes

1.1.1. História

Para compreender o que significa ser dirigido por dados, é importante primeiro compreender como é que ser dirigido por dados começou e evoluiu.

A utilização de dados para tomar melhores decisões comerciais já existe há mais de um século. No início, esta abordagem foi utilizada em indústrias transformadoras, tais como a automóvel e a siderúrgica.

Embora a condução dos dados soe como um conceito relativamente novo, então, na realidade, as empresas têm sido conduzidas por dados há muito tempo. Começando pela Taylor na década de 1880 e continuando com empresas como a Toyota na década de 1960, inventou o fabrico just-in-time baseado na utilização de dados para compreender exactamente quando algo era necessário. E empresas como a GE começaram a utilizar seis sigma nos anos 80, o que coloca os dados na frente e no centro.

Frederick Taylor é conhecido como um dos pioneiros a tentar ligar a ciência a processos, bem como a gestão para melhorar a eficiência económica. Quando Taylor era capataz, notou que os trabalhadores tentavam fazer o mínimo possível durante o seu horário de trabalho. Foi ele que sugeriu que o trabalho deveria ser dividido em tarefas mais pequenas e introduziu "Um Sistema Piece-Rate" para motivar os trabalhadores a trabalhar mais num determinado período de tempo e que os gestores deveriam ser os que ignoram o trabalho feito. (Scientific... 2009) Taylor contribuiu para ser orientado pelos dados, introduzindo objectivos mensuráveis na gestão que ajudam a maximizar a eficiência do trabalho.

Depois de Taylor ter introduzido a gestão científica ao fabrico, tem havido muitos seguidores para esta ideia; o seguinte significativo foi o fabrico Just In Time. Na década de 1960, a Toyota implementou a produção Just In Time (JIT) no Japão com a ajuda de Taichi

Ohno, Kiichiro Doyota e Shigeo Shingo. Foi pela primeira vez chamada Toyota Production System (TPS) (Ramnath et al. 2009,13). O JIT concentra-se em alterar o processo de fabrico passo a passo para tornar o fabrico mais rápido e suavizar o fluxo de materiais dos fornecedores para os clientes. Tal como Cheng e Podolsky mencionaram (1996) "O fabrico Just-In-Time (JIT) é uma filosofia de gestão japonesa aplicada no fabrico que envolve ter os artigos certos com a qualidade e quantidade certas no lugar certo e no momento certo". Desde que a Toyota começou a utilizar o modelo de produção JIT, tornou-se também uma abordagem bastante popular entre outras empresas.

A contribuição do EIC na abordagem orientada para os dados reside no facto de os dados terem sido utilizados para eliminar desperdícios e tarefas desnecessárias, de modo a aumentar a eficiência e acrescentar valor. Por exemplo, não houve necessidade de armazenar materiais e produtos em armazéns, porque nada foi produzido sem as necessidades dos clientes. Isto significava que nenhum material era encomendado antes de uma encomenda ser colocada pelo cliente e assim que o produto estava pronto, era enviado para o cliente. Isto reduziu os custos de armazenagem e transporte, bem como a necessidade de pagar mão-de-obra extra para realizar estas tarefas.

Outro exemplo de que as empresas têm vindo a utilizar dados há muito tempo para tornar os seus processos mais eficazes é um exemplo da Motorola. Bill Smith introduziu a abordagem Seis Sigma na General Electric (GE) nos anos 80. "Six Sigma é um sistema abrangente e flexível para alcançar, sustentar e maximizar o sucesso empresarial ... é impulsionado de forma única pela compreensão estreita das necessidades dos clientes, utilização disciplinada de factos, dados e análises estatísticas, e atenção diligente à gestão, melhoria e reinvenção dos processos empresariais". (Pande et al. 2000, 11) Seis sigma acrescentado à abordagem orientada para os dados através da utilização e análise de dados e da compreensão das necessidades dos clientes para melhorar os processos.

Nos anos 90, o Lean Manufacturing tornou-se uma filosofia de gestão popular que tem origem no JIT (Womack et al. 1990). O significado de lean e JIT é o mesmo e está centrado na eliminação de desperdícios. *(Ibid.,* 91, 141)

Hallgreen e Olhager (2009) bem como Olesen e outros (2015) notaram que Womack e Jones (1996) mencionaram cinco princípios lean: valor, o fluxo de valor,
fluxo, tracção e perfeição, descritos na Figura 1:

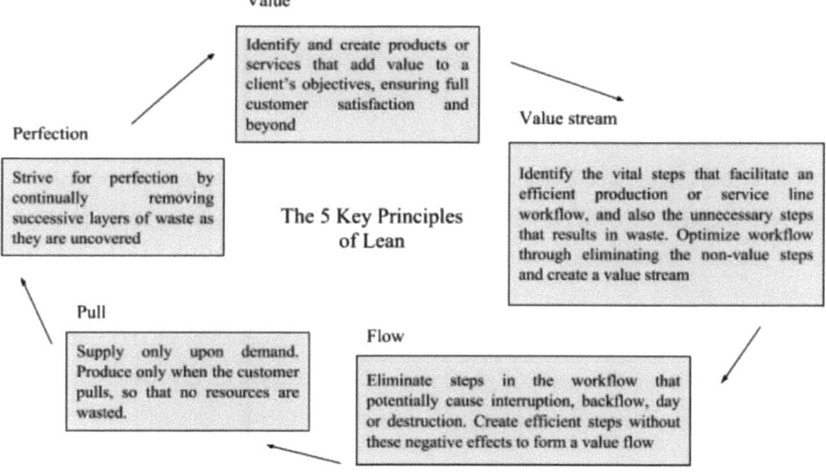

Figura 1. Fonte dos Princípios Lean: Olesen et al. (2015)

Em suma, apesar de a tomada de decisão orientada por dados ter sido mencionada em estudos e artigos apenas recentemente, as empresas têm vindo a utilizar dados para tornar os seus processos mais eficazes, como descrito acima no exemplo do JIT, Six Sigma e Lean Manufacturing.

1.1.2. Organizações tradicionais vs Startups

As organizações mudaram, e esta parte da teoria faz sobressair as diferenças entre as organizações tradicionais e as empresas em fase de arranque. É relevante porque a parte da investigação está a concentrar-se principalmente em startups.

Tradicionalmente, as organizações tinham de ser estabelecidas e ter lucro para sobreviver e ser empresas de sucesso. Hoje em dia, especialmente com a digitalização e as novas tecnologias emergentes, a forma das organizações mudou. Os empresários podem começar as suas organizações sem dinheiro e pedir aos capitalistas de risco que invistam nas suas novas empresas recém-formadas. As startups podem tornar-se bem sucedidas mesmo que não tenham sido obtidos lucros nos primeiros anos de funcionamento. De acordo com uma definição de Steve Blank, que é um empresário em série e académico do Vale do Silício (2010), "Um startup é uma organização formada para procurar um modelo de negócio repetível e escalável". Numa fase inicial, os empresários validam as suas ideias e podem mesmo mudá-las numa busca por um modelo de negócio sustentável, que mais tarde será transformado em negócios sustentáveis. (Spender em al. 2017)
Uma das principais diferenças entre o negócio tradicional e uma empresa em arranque é que as empresas tradicionais operam de acordo com o seu modelo de negócio enquanto a empresa em arranque está a operar para encontrar o seu modelo de negócio (Blank 2013).

Tradicionalmente, uma das principais tarefas dos gestores de organizações tem sido a tomada de decisões. Muitas vezes, no entanto, devido à pressão do tempo e à pouca informação disponível, os gestores tomam decisões com base na sua intuição ou experiência anterior. As decisões tomadas às cegas podem causar danos às organizações devido ao desperdício de recursos e podem mesmo influenciar mal o futuro do negócio. (Pfeffer, Sutton 2006 referenciado em Baba e HakemZadeh 2012, 832)

Juntamente com as mudanças nas organizações, houve mudanças na estrutura organizacional. Por exemplo, em comparação com a estrutura hierárquica das organizações tradicionais, está a tornar-se mais popular que as empresas jovens e as empresas em fase de arranque tenham uma estrutura plana. Como mencionado por Powell (2002), muitas empresas mudaram a sua direcção de estruturas hierárquicas para estruturas planas da empresa, com o benefício de uma tomada de decisão mais rápida, maior capacitação dos funcionários e melhor trabalho de equipa. Nas empresas com uma estrutura plana, não só os gestores, mas também os seus subordinados precisam de tomar decisões no seu trabalho quotidiano. Assim, estruturas, que podem levar as pessoas que não têm uma experiência particularmente longa no campo a fazer melhores escolhas, provam ser úteis.

Como resultado das mudanças nas organizações, a tomada de decisões também foi alterada. Não só os gestores têm o direito e a obrigação de tomar decisões empresariais, mas também todos na empresa.

1.2. Tomada de decisões com base em dados

Na secção anterior, foi examinada a evolução histórica da abordagem orientada para os dados, bem como as mudanças nas organizações. Esta parte está hoje a analisar mais profundamente a abordagem orientada para os dados e como pode ser benéfica para o sucesso organizacional. Muitos estudos de caso foram apresentados para apoiar a teoria.

Alguns académicos utilizam o termo tomada de decisão baseada em dados (por exemplo, Mandinach 2012), outros chamam-lhe tomada de decisão baseada em provas (por exemplo, Rousseau, Barends 2011; Baba, HakemZadeh 2012). Em suma, significa a mesma coisa - utilizar provas e dados juntamente com o pensamento crítico, a fim de tomar a melhor decisão possível, e não apenas utilizar o sentimento instintivo de alguém.

Muitos autores têm argumentado que a tomada de decisões baseada em provas ou em dados nos negócios actuais é necessária para orientar a empresa na direcção certa e manter a vantagem competitiva (por exemplo Baba, HakemZadeh 2012; Mandinach E. B., 2012). A tomada de decisões baseada em dados é uma abordagem que tenta melhorar a qualidade das decisões tomadas utilizando investigação sistemática e externa (Rousseau 2006, referenciado em Baba, HakemZadeh 2012, 837). Por outro lado, alguns autores (Reay et al.

2009, referido em Baba, HakemZadeh 2012, 837; Rasmussen, Ulrich 2015) argumentaram que não existem provas de que sejam tomadas melhores decisões devido a uma abordagem de tomada de decisões baseada em dados. No entanto, hoje em dia, tem havido muitos tipos de investigação que provam os resultados positivos da abordagem orientada pelos dados (por exemplo, PwC's ... 2017).

1.2.1. Ciência dos dados e grandes dados

O termo "Data driven decision making term" vem da ciência dos dados. O termo "ciência" implica que o conhecimento provém do estudo sistemático. A ciência dos dados centra-se, além dos dados regulares, também em estatísticas, num estudo sistemático sobre organizações e na análise do papel dos dados nas implicações. A razão pela qual se chama ciência de dados, e não estatística, é que os dados analisados consistem em muitas "matérias primas" diferentes, estruturadas e não estruturadas. Por exemplo, textos, imagens, vídeos, que precisam de ser combinados para serem analisados. Uma vez que a ciência dos dados se tornou mais importante nos dias de hoje, é importante que os gestores organizacionais mudem mais para a tomada de decisões orientadas para os dados, a fim de substituir práticas obsoletas para serem competitivos neste mundo governado pelos dados. (Dhar 2013, 64 - 70) A condução dos dados é frequentemente definida como algo que se baseia em dados e factos em vez de intuição ou experiência pessoal (McAfee, Brynjolfsson 2012; Rasmussen, Ulrich 2015).

O facto de os dados serem impulsionados pela utilização de grandes dados desempenha um papel importante nas histórias de sucesso de muitas empresas. Embora os RH não tenham grandes dados para analisar, então os dados de RH têm muitas semelhanças com os grandes dados, e é por isso que foram investigados.

Como descrito por Sagiroglu e Sinanc (2013) "Big data is a term for massive data sets having large, more varied and complex structure with the difficulties of storing, analyzing and visualizing for further process or results".

Com o apoio da tecnologia certa e competências suficientes, as organizações podem beneficiar das características mais proeminentes dos grandes dados, ou seja, a sua velocidade, volume e variedade. A análise dos dados de streaming permite às organizações tomar medidas imediatas, adaptar processos de negócio e melhorar as experiências dos clientes (Watson, Marjanovic 2013; Intezari, Gressel 2017, 73).

Voltando às três grandes características dos dados.
A velocidade não significa apenas a rapidez com que os dados são alcançados e armazenados, mas também a rapidez com que foram analisados. Quanto mais rapidamente os dados são alcançados e analisados, maior vantagem competitiva pode ser. Os dados recebidos mostram a situação do momento actual, por isso, precisam de ser utilizados o mais rapidamente possível, porque não demasiado tarde, a situação sob atenção pode ser totalmente diferente, (por exemplo, Sagiroglu, Sinanc 2013; McAfee, Brynjolfsson 2012; Zikopoulos et al. 2012, 3-8)
O volume de dados aumentou exponencialmente, por exemplo, hoje em dia a cada segundo acrescenta mais dados à Internet do que os que foram criados todos juntos até 1992. É claro que nem todos os dados são úteis e necessários, mas o processo de selecção é difícil. *(Ibid.)*
A variedade de grandes dados consiste em dados estruturados tradicionais, bem como em dados brutos semi-estruturados ou não estruturados. Muitos fluxos de dados surgiram recentemente com o desenvolvimento de tecnologia como os dispositivos móveis. *(Ibid.)*

Os dados de RH são semelhantes aos grandes dados no que diz respeito à variedade e velocidade. No entanto, os dados de HR sensíveis ao volume não processam milhões de conjuntos de dados por dia. O RH está a lidar com dados que vêm de diferentes formas e de muitos canais diferentes. Por conseguinte, é difícil armazená-los num único local e analisá-los. Os académicos continuam a sugerir que para manter uma vantagem competitiva nesta era digital em constante mudança, as empresas têm de mudar a forma como fazem negócios (por exemplo, Loebbecke, Picot 2015; Mandinach 2012; Rousseau, Barends 2011; Sorescu 2017 etc.).

Think With Google publicou muitos estudos de casos e ideias úteis sobre como fazer com que os dados funcionem para todas as empresas. Por exemplo, em Dezembro de 2016, foi escrito um artigo chamado "3 dicas para fazer com que os seus dados funcionem mais duramente" onde foi descrito um estudo de caso, discutiu-se ft que todas as empresas têm acesso a dados e que é uma enorme mais-valia para todos. No entanto, apenas aqueles que utilizam dados para tomar melhores decisões empresariais, o maior crescimento empresarial é garantido. Há três factores importantes na gestão de dados: acumular e integrar, compreender o que realmente importa e transformar os dados em acção. Por exemplo, a antiga companhia de seguros, Progressive, começou a utilizar dados, o que era uma tarefa difícil uma vez que os dados vinham de fontes diferentes, eram armazenados em locais e formatos diferentes e, portanto, difíceis de gerir. No entanto, a Progressive conseguiu reunir, integrar e assegurar os dados correctamente e, juntamente com a utilização de ferramentas analíticas, conseguiu obter boas informações sobre como melhorar a experiência do cliente e salvar a marca, bem como poupar dinheiro e tempo para os seus clientes. (3 dicas ... 2016)

Observou-se que as empresas, que utilizam as ferramentas certas para encontrar os dados úteis de todos os dados disponíveis, estão a ser bem sucedidas. Por exemplo, a Progressive utilizou a análise do Google para identificar temas e padrões. Quando a Progressive lançou a sua aplicação móvel que oferecia aos utilizadores apenas para obterem uma cotação no início, depois analisando os dados do comportamento dos utilizadores, mostrou que os utilizadores queriam comprar um seguro directamente da aplicação, pelo que acrescentaram na App oportunidade de compra. Portanto, é importante utilizar as ferramentas certas para analisar os dados. (Ibid.) De acordo com a investigação da PwC (2017), as organizações que são altamente orientadas para os dados têm três vezes mais probabilidades do que outras de relatar uma melhoria considerável na tomada de decisões (PwC's ... 2017).

MIT, "How Analytics and Machine Learning Help Organizations Reap Competitive Advantage", dá mais informações sobre como as empresas estão a utilizar os dados e, portanto, a tomar melhores decisões. Como exemplo, foi salientado que Uber utiliza algoritmos para monitorizar o tráfego em tempo real e a duração das viagens para equilibrar a procura e a oferta de passeios e também para equilibrar as taxas em conformidade. (Como a análise ... 2016)

1.2.2. Metodologia Lean

Lean Seis Sigma

Como mencionado anteriormente, a diferença entre empresas tradicionais e start-ups é a forma como operam - o startup está a funcionar para encontrar o seu modelo de negócio enquanto uma empresa normal tem o modelo de negócio primeiro e funciona de acordo com ele (Blank 2013). A mesma abordagem inicial aplica-se às operações dentro de todas as equipas da empresa, incluindo o recrutamento. As startups operam no conceito lean, foi brevemente discutido que a produção lean juntamente com o Six Sigma, e JIT foram predecessores para a tomada de decisões orientadas por dados. Agora é necessário aprofundar o conceito lean em startups.

A abordagem Lean Seis Sigma é utilizada não só para melhorar produtos e processos, mas também para lutar por melhores produtos, serviços e operações através da inovação (Byrne et al. 2007). Como provado por muitos startups, a inovação em produtos e serviços pode levar ao hipercrescimento dos negócios. Isto, no entanto, significa que os processos dentro de todos os departamentos e equipas também devem ser enxutos. Se o negócio cresce a uma velocidade rápida, então são necessários mais empregados no que diz respeito a manter a dinâmica. Para que haja mais pessoas a bordo, os RH e o recrutamento têm uma tarefa difícil de levar a cabo. Como atrair pessoas inteligentes, que são necessárias para o crescimento deste negócio, e conseguir a sua entrada a bordo. Em vez de multiplicar a equipa de recrutamento, uma abordagem melhor seria utilizar plenamente o Lean Six Sigma e a tomada de decisões orientadas por dados no processo de recrutamento para optimizar o esforço da equipa de recrutamento - contratar mais rápido, mais inteligente, com um custo menor, e construir uma marca patronal mais forte ao mesmo tempo.

Como mencionado anteriormente, Lean e Seis Sigma eram conceitos diferentes. "Enquanto que Lean tem tudo a ver com velocidade e eficiência, Six Sigma tem a ver com precisão e precisão: Lean assegura que os recursos estão a trabalhar nas actividades certas enquanto o Seis Sigma assegura que as coisas são feitas correctamente na primeira vez" (Laureani et al. 2010). Lean Six Sigma é a combinação dos dois conceitos, utilizando as melhores práticas de ambas as metodologias: aumento da velocidade e precisão (Mader 2008).

O Arranque Lean

Um empresário americano, Eric Ries, foi o primeiro a colocar o conceito de "lean startup" num papel. Ele escreveu sobre o assunto em 2008. Uma vez que o conceito de "lean startup" se concentra em ser orientado por dados, então é relevante descrevê-lo aqui com mais detalhe. Existem poucos trabalhos académicos e investigações conduzidas sobre o conceito de arranque lean, mas muitos empresários têm escrito sobre o mesmo.

Como descrito por Wade Roush (2011), um editor da Xconomy (notícias sobre negócios, ciências da vida e tecnologia), Ries surgiu com a ideia principal de um arranque enxuto: construir, medir, aprender conceitos. A Ries retirou da ideia de lean manufacturing que só é importante construir coisas pelas quais os clientes pagarão e eliminar todos os processos que não criem valor. Antes de as empresas e as empresas em fase de arranque utilizarem o produto na sua totalidade e depois de o divulgarem ao público descobriram se as pessoas o iriam mesmo utilizar. Devido a isto, muitas startups falharam porque gastaram muito tempo, esforço e recursos a construir algo na esperança de que, uma vez pronto, as pessoas começassem a pagar por ele e o arranque traria receitas. Muitas vezes isso não aconteceu. A ideia de Ries foi revolucionária, em vez de construir todo o produto na perfeição, apenas foi construído um produto mínimo viável (MVP) que estava cheio de bugs e construído com o mínimo esforço apenas para testar a ideia com os clientes. O MVP imperfeito foi vendido aos clientes, e foram realizados testes aos utilizadores para compreender se as pessoas iriam comprar o produto e como o iriam utilizar. Para medir o sucesso do produto recém-formado, foram usadas métricas diferentes, ft é importante usar métricas para compreender exactamente o que os clientes estão a pensar. Após a análise das métricas e dos resultados dos testes e comportamento dos utilizadores, o produto foi ajustado e melhorado. Se, no entanto, se soube que o produto não é útil para os clientes e não será utilizado, então ou foi totalmente abandonado, ou o arranque fez um pivô. (Roush 2011)

1.2.3. Métricas utilizadas na abordagem orientada para os dados

A utilização de métricas para melhorar os processos de negócio é um dos factores-chave de ser orientado pelos dados. Esta secção está a analisar as métricas que estão a ser utilizadas na abordagem orientada para os dados.

Ash Maurya, o autor de "Running Lean" e o criador da ferramenta de modelação empresarial de uma página Lean Canvas, descreveu em 2010 no seu post de blog que "Uma métrica accionável é aquela que associa acções específicas e repetíveis aos resultados observados". (Maurya
2010) Para além de métricas accionáveis, existem também métricas de vaidade. As métricas de vaidade dão uma visão geral de um estado actual, como quantos clientes visitaram o website durante o dia observado, mas não dão uma boa compreensão de como este resultado foi alcançado e como prever o futuro a partir dele *(Ibid.}*. Por conseguinte, é importante analisar mais de perto as métricas accionáveis. A diferença entre métricas accionáveis e vaidade é a forma como são medidas *(Ibidl)*. Maurya partilhou três regras para medir métricas accionáveis: "Medir a Macro... criar relatórios simples... as métricas são também pessoas". Medir a macro correcta significa que, embora haja muitas coisas diferentes que podem ser medidas, identificar a correcta é importante *(Ibid.}*. Dave McClure, um empresário e investidor anjo, identificou 5 métricas importantes para as startups: aquisição, activação, retenção, receitas, encaminhamento (McClure
2011) . A obtenção dos dados para a métrica não é apenas importante, ft é também importante para visualizar os dados, por isso é bom criar relatórios e analisá-los. Além disso, é importante lembrar, que os próprios utilizadores podem acrescentar qualidade à métrica, especialmente se um arranque não tiver demasiados utilizadores, de modo a poder obter validações quantitativas fiáveis. (Maurya 2010)

Voltando a Eric Ries, uma vez que ele é a primeira pessoa a falar sobre as startups lean e fez um post convidado no blog de Tim Ferriss, o anfitrião do podcast empresarial #1 em todo o iTunes, em Maio de 2009, onde explicou com mais detalhes porque é que as métricas accionáveis são importantes. As métricas accionáveis fornecem dados que dão informações úteis para tomar melhores decisões, enquanto a maioria dos dados que são fornecidos em pacotes analíticos de prateleira não fornecem informação suficiente e por isso são chamados de métricas de vaidade. Ries explica que na maioria das vezes em que as relações públicas ou marketing falam de algo (novo cliente, etc.) é a métrica da vaidade, uma vez que dá pouca percepção do que foi feito pela empresa que estes novos clientes entraram a bordo. Ao mesmo tempo, ao lançar uma nova funcionalidade nos testes A/B, para que 50% dos clientes vejam a nova funcionalidade e 50% não, e depois alguns dias mais tarde ver os resultados de ambos os grupos de teste. Isto dará uma ideia se a nova funcionalidade é algo que os clientes realmente querem e estão dispostos a pagar também. (Ferriss 2009) Por conseguinte, as métricas accionáveis são importantes para compreender a informação real por detrás dos dados.

Um exemplo de tomada de decisão orientada para os dados vem de pCloud, um produto de segurança de ficheiros, equipa de marketing. A sua equipa de marketing lançou uma campanha e um mês após o seu lançamento, começaram a optimizá-la. A equipa criou um funil para monitorizar cada passo que um utilizador dá e reparou que, num determinado passo, muitas pessoas abandonaram a conversão. Devido a estes dados, a equipa de marketing da pCloud descobriu uma forma de evitar aquela etapa específica em que os utilizadores estavam a abandonar a conversão, e os resultados foram muito melhores do que a equipa poderia esperar. Na semana seguinte, a equipa notou um aumento de 135% na taxa de conversão e um aumento de 124% nas conversões e o orçamento semanal caiu 6%. (Puri 2017)

Os laços sugerem algumas dicas para obter mais dados accionáveis. Por exemplo, testes de partição, métrica de percustomer, métrica de funil e análise de coorte e métrica de Search Engine Marketing (SEM) e de Search Engine Optimization (SEO). Em geral, os testes A/B são as melhores métricas accionáveis, pois podem anular ou confirmar qualquer hipótese que se possa ter. Além disso, a decomposição de dados por cliente ou por segmento pode trazer informação valiosa. As métricas de funil e a análise de coorte são importantes para visualizar os dados por grupos para encontrar as diferenças ao longo do tempo e fazer conclusões relevantes. As métricas (SEM/SEO) são influentes para diferenciar os diferentes grupos de clientes, ft podem dar uma boa visão do que os grupos de clientes estão a trazer de mais valor, pelo que esta informação pode ser utilizada para dirigir, por exemplo, campanhas de marketing. (Ferriss 2009)

1.3. Recrutamento com base em dados

Tal como discutido anteriormente, a digitalização mudou a forma como as empresas operam e tomam decisões. Além disso, as empresas de modems e startups com estrutura plana mudaram as posições dentro das empresas. Está a ser amplamente praticado que não só o gestor empresarial tem de tomar decisões, mas também todos os especialistas estão habilitados a tomar decisões empresariais, e a abordagem baseada em dados é uma ferramenta útil para isso. É quase inevitável que as indústrias, instituições e mesmo o emprego, tal como os conhecemos hoje, mudem radicalmente devido à digitalização e à grande análise e ciência dos dados (Loebbecke, Picot 2015).

Como Krista Jensen-Eriksen salientou na sua tese, a Gestão de Recursos Humanos está também a esforçar-se por avançar mais para uma abordagem orientada para os dados e tornar-se um parceiro estratégico na empresa em vez de continuar a ser uma função administrativa (Jensen- Eriksen 2016, 2). A utilização exclusiva de dados não é suficiente. Para prever o futuro, e não apenas descrever o passado, é importante começar com um desafio empresarial e não apenas justificar as decisões de RH com dados. A análise de dados ajuda a transformar grandes dados em tempo real em conhecimento que pode ser utilizado para ajudar no processo de tomada de decisões para desafios empresariais (Rasmussen, Ulrich 2015).

Por exemplo, uma das empresas mais prestigiadas, Google, utiliza há muito tempo uma abordagem orientada para os dados. Num artigo da jornalista de tecnologia Ciara Byrne, escrito em 2011, notou-se que o Google utiliza dados em toda a empresa, e muito bem em RH. Todas as decisões em RH, desde a compensação até à contratação, foram tomadas através da análise de dados. Por exemplo, a sua equipa de "análise de pessoas" previu a estrutura futura da empresa com base na actual contratação. Verificou-se que se a Google continuar a contratar da mesma forma, em breve a empresa estará "gorda no meio", o que significa que haverá muitos funcionários de nível médio na empresa, o que deixa os funcionários mais novos com poucas hipóteses de subir na sua escada de carreira. Devido a estes dados, foi decidido começar a contratar mais empregados juniores para que também tenham algum espaço para desenvolvimento. (Byrne 2011)

Como já vimos, os dados podem ser úteis de muitas maneiras. Os exemplos de Progressivo e Uber mostraram como as empresas poderiam utilizar grandes dados, Aprendizagem de Máquinas e Inteligência Artificial para gerar informação útil da qual as empresas podem beneficiar. Dos estudos de caso sobre Google, Progressive e pCloud, que já foram analisados anteriormente, pode-se ver claramente que todas essas empresas beneficiaram de uma abordagem orientada para os dados e, como hipótese, a mesma abordagem pode também ser aplicada ao recrutamento. Por exemplo, os Sistemas de Acompanhamento de Candidatos (ATS) podem ser utilizados para recolher dados que serão analisados. Um bom ATS é aquele que permite aos recrutadores segregar os dados e obter bons relatórios dos mesmos. Para utilizar os dados disponíveis, é inevitável que os dados sejam recolhidos, classificados e armazenados de forma deliberada. Aprendemos com o modelo de arranque lean que existem algumas métricas úteis e accionáveis para fornecer às equipas informação perspicaz: testes divididos, métrica por cliente, métrica de funil e análise de coorte e métrica de palavras-chave (SEM)/(SEO). Estas métricas podem efectivamente ser utilizadas por equipas diferentes, e não apenas pela equipa do produto. No recrutamento, testes divididos podem ser usados para publicidade ou para escrever diferentes postos de trabalho para a mesma vaga, para ver qual deles atrai mais candidatos relevantes. A métrica por cliente pode ser vista como uma métrica por candidato - por exemplo, o autor sugere que pode ser útil se os recrutadores descobrirem o que são semelhanças nos candidatos, que tendem a ser mais bem sucedidos na contratação e, depois disso, que são bem sucedidos na empresa. Isto pode dar uma boa perspectiva sobre o que concentrar a atenção quando se lêem todos os currículos dos candidatos e também quando se fazem entrevistas. As métricas de funil e a análise de coorte podem ser vistas como métricas de pipeline do candidato - quanto tempo os candidatos estão a gastar em cada fase e depois tentar ir ainda mais granular - há algo a ver com qualquer entrevistador específico ou com a natureza da fase da entrevista, etc., e depois tentar corrigi-la. Pode ser visto separadamente para cada vaga de emprego, uma vez que normalmente o processo de contratação de pessoas com perfis diferentes pode variar muito. As métricas de palavras-chave (SEM/SEO) podem ser úteis na aprendizagem onde os candidatos se informam sobre esta empresa e o trabalho, para que os recrutadores possam concentrar-se mais na publicidade nestes canais.

1.3.1. Recrutamento

Recrutamento significa encontrar um conjunto diversificado de candidatos com as qualificações e potencial exigidos e comunicar-lhes oportunidades de emprego (Raghavi, Gopinathan 2013, 301). Normalmente, as empresas recebem um grande número de candidatos e a selecção de candidatos adequados pode levar muito tempo e esforço. Mesmo que o recrutamento seja visto por muitos como um trabalho administrativo, o que significa que os recrutadores irão colocar o emprego disponível e depois gerir os candidatos dentro do pipeline, então o recrutamento estratégico é na realidade muito mais do que isso, é importante que os recrutadores e gestores de RH conheçam o campo em que estão a trabalhar, para promover a marca do empregador, bem como para serem capazes de avaliar eficazmente o sucesso do recrutamento. (Stoilkovska et al. 2015, 284)

Muitas vezes o processo de recrutamento e selecção são tratados como um só, mas na prática dos Recursos Humanos são duas coisas diferentes (Taylor, 2005, 166). O recrutamento é entendido como um processo, no qual o curso das actividades é realizado com o objectivo de atrair candidatos adequados para o cargo vago. O processo de recrutamento começa com a identificação da necessidade de um novo funcionário e termina quando um candidato se candidatou à vaga. (Sule 2012, 21) Por outro lado, durante o processo de selecção será decidido qual o candidato mais adequado para o cargo vago (Armstrong, Taylor 2014, 226).

O Manual de Gestão de Recursos Humanos da Armstrong 11ª edição trouxe à luz as seguintes fases de recrutamento e selecção: definição de requisitos, planeamento de campanhas de recrutamento, atracção de candidatos e selecção de candidatos. (Armstrong 2009,515) Na opinião do autor, a fase de planeamento que Armstrong sugere pode ser dividida em duas: planeamento e criação de anúncios de emprego e escolha de canais. O autor propõe que o processo de recrutamento se assemelhe ao descrito na Figue 2:

Figura 2. Processo de Recrutamento Fonte: Figura do autor (2018)

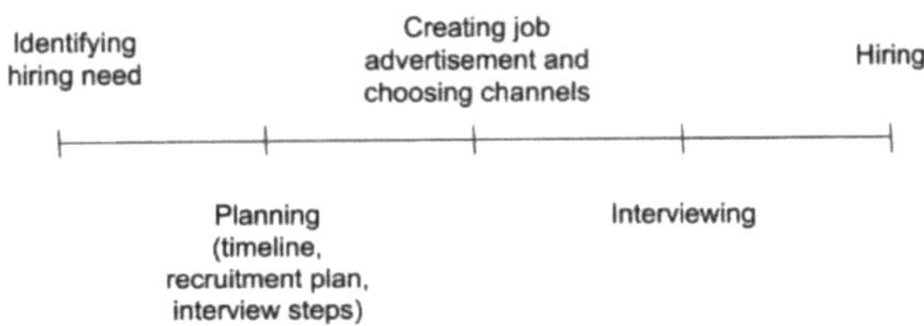

Já há mais de 20 anos, Richard Lee observou no seu artigo Recrutamento em Contexto, que as pessoas estão a tornar-se mais importantes nas organizações do que outros recursos como hardware, software, livros, etc. Construir uma organização com pessoas qualificadas exige um esforço tremendo devido à disponibilidade de recursos e tecnologia. Lee também mencionou que, devido à constante mudança, todas as pessoas recrutadas devem ser cada vez mais qualificadas e adaptáveis para fornecer o nível de serviço necessário. (Lee 1994) Desde 1994, quando Lee escreveu sobre o assunto no seu artigo, este ponto de vista tem aumentado ainda mais.

Como Ian Cook, especialista em análise estatística e métrica de RH, escreveu no seu artigo (2017), as empresas estão a lutar com a velocidade de contratação para acompanharem as exigências de contratação e a concorrência é pesada para as pessoas que estão em posições-chave na apresentação de ideias inovadoras e que fornecem valor aos clientes. Na opinião de Ian, o recrutamento com base em dados é a chave para permitir aos recrutadores tomar boas decisões de contratação e atrair e manter os talentos certos necessários. (Cook 2017) "O processo de recrutamento é um tesouro de dados que - quando minado cuidadosamente - revela informações importantes sobre se um candidato será ou não o empregado de alto desempenho que a sua organização procura. É a diferença entre tomar decisões sobre o sentimento instintivo e tomá-las com base em factos". *(Ibid.)*

Cook trouxe à luz (2017) alguns dos factores pelos quais os recrutadores não podem utilizar os dados de forma eficaz neste momento. Na sua opinião, em primeiro lugar, a tecnologia não permite aos recrutadores recolher todos os dados relevantes e necessários a partir de um único local. Embora o Applicant Tracking System (ATS) possa fornecer alguns bons dados para melhorar o tempo de contratação ou o custo por contratação, então não é suficiente tomar decisões deliberadas sobre o sucesso a longo prazo dos candidatos. Por exemplo, Cook observou que parte dos dados importantes é armazenada num sistema diferente do ATS para tomar a melhor decisão, considerando todos os dados importantes. Em segundo lugar, os dados utilizados pelos recrutadores são armazenados em silo. Está ligado à tecnologia, uma vez que os dados úteis são armazenados em muitos sistemas diferentes. É moroso e exige muito esforço para organizar os dados e fazer uso dos mesmos. Em terceiro lugar, os recrutadores não têm um plano claro de headcount - mais uma vez está ligado com dados que são armazenados em muitos programas diferentes.

1.3.2. Métricas de recrutamento

Eric Ries afirmou claramente no seu conceito de arranque lean que uma das coisas importantes sobre ser orientado por dados é a utilização de métricas accionáveis. Além disso, Lermusiaux (2005) mencionou no seu artigo que o RH em geral deveria concentrar-se nas características de métricas que incluem, para além de serem accionáveis, estar também alinhado com a estratégia empresarial, consistência, rastreável no tempo e referência externa. O alinhamento com a estratégia empresarial global é importante para que os RH compreendam a direcção que o negócio está a planear seguir e, consequentemente, escolham as tácticas de RH. A coerência é importante para que a comparação seja possível. Significa que os dados na métrica utilizada, devem ser consistentes e sempre os mesmos para comparar as métricas ao longo do tempo e tirar conclusões suficientes. Além disso, uma boa métrica é rastreável no tempo, o que significa que a métrica deve ser rastreada ao longo do tempo para ver as tendências. Dependendo da métrica, normalmente pode ser rastreada semanalmente, mensalmente ou trimestralmente. O benchmarking externo significa a comparação entre pares. Se estiver a ser utilizada uma métrica, então os resultados devem ser comparados com os resultados de outro grupo. Outro grupo pode ser ou outra unidade de negócio dentro da mesma empresa ou com uma empresa diferente que tenha semelhanças com a sua própria empresa. Se uma métrica for vista apenas internamente, então a necessidade de melhoria poderá não ser tão óbvia se a mesma métrica for também aferida externamente. (Lermusiaux 2005)

Assim, as métricas que o recrutamento deve utilizar provêm das necessidades das empresas e são accionáveis, o que significa que os dados utilizados irão contar uma história e, com base nisso, será formada uma imagem clara sobre que acção deve ser tomada. As métricas devem ser rastreáveis no tempo, o que significa que os mesmos dados podem ser comparados ao longo de um período mais longo. Além disso, eles têm de ser comparados externamente para contextualizar os próprios dados.

Por exemplo, Hello Talent, uma empresa que fornece Gestão de Relacionamento com Candidatos (CRM) e ferramenta de recrutamento, sugere quatro métricas mais básicas que o recrutamento pode seguir: Tempo a preencher, rácio de candidatos qualificados, eficácia dos canais de sourcing e taxa de sucesso na contratação. O tempo de preenchimento mostra quanto tempo é necessário para preencher uma posição, uma vez aberta. Pode ajudar a planear melhor o recrutamento no futuro e também a gerir as expectativas de contratação de equipas. O rácio de candidatos qualificados significa quantos candidatos qualificados foram efectivamente considerados para preencher a vaga. A eficácia dos canais de sourcing mostra que canais trazem mais e melhores candidatos. Ajudará o recrutamento a alocar os custos de sourcing no futuro. A taxa de sucesso na contratação mede o sucesso da nova contratação uma vez que ele/ela tenha sido recrutado(a) para a equipa. (Robinson 2017)

Com base na teoria anterior, o autor sugere qual a métrica a utilizar em cada etapa de recrutamento.

Identificação das necessidades de contratação

O primeiro passo é identificar as necessidades de contratação. As necessidades de contratação podem provir do preenchimento de trabalhadores esquerdinos, do crescimento da equipa actual ou da expansão da operação para outros campos.

Esta informação provém geralmente das necessidades da empresa, pelo que é importante para o recrutamento cooperar com os gestores de contratação e bem como com a direcção da empresa. As métricas úteis para ajudar neste caso podem ser a taxa de rotatividade dos empregados, o tempo a contratar, o tempo a preencher.

A taxa de rotatividade dos empregados é útil para tentar prever quantos recheios são necessários. Se uma empresa tiver recolhido dados de rotatividade em diferentes posições ao longo do tempo com o seu sistema de RH, então poderão ser tiradas algumas conclusões relevantes. Por exemplo: qual é o tempo médio gasto na empresa na equipa de apoio ao cliente. Se os dados mostrarem que, em média, as pessoas da equipa de apoio ao cliente permanecem na empresa durante 2 anos e durante o período de Verão mais pessoas estão a afastar-se, então isto pode ser considerado ao analisar os dados para quantas pessoas da equipa de apoio ao cliente 2 anos estão a aproximar-se e especificamente quando o período de Verão está a aproximar-se. Com base nesta informação, as empresas podem decidir se abrem a posição com antecedência ou se querem esperar até que a necessidade real chegue.

O tempo para contratar uma posição específica é útil para que as partes relevantes compreendam quanto tempo levou normalmente a preencher tal posição para que a direcção saiba como planear com antecedência. Estes dados podem ser recolhidos com o ATS. Se a empresa não tiver contratado para a posição semelhante antes, conforme necessário no futuro, é mais difícil fazer planos específicos, então a pesquisa de mercado pode ser conduzida, mas é difícil encontrar quaisquer métricas a medir para isso. O tempo a preencher, por outro lado, dá uma ideia de qual é o tempo global para encontrar um candidato adequado para a posição vaga.

Planeamento

O próximo passo é o planeamento do recrutamento. Uma vez identificadas as necessidades de contratação, a equipa de recrutamento deverá então planear as suas acções. As coisas a considerar são a linha temporal e o plano de recrutamento. Se as necessidades de contratação forem conhecidas com antecedência, então o recrutamento pode decidir quando o posto de trabalho deve sair para contratar uma pessoa no momento certo. O plano de recrutamento deve consistir nas responsabilidades de cada parte envolvida, descrição de funções e processo de entrevista. As métricas que podem ser úteis nesta fase são tempo para contratar e tempo para preencher, que podem ter sido cobertos na fase anterior, conversão do candidato pipeline, candidato NPS e feedback.

Como mencionado anteriormente, o tempo para contratar pode dar um indicador de quanto tempo levou anteriormente para preencher tal posição e há algo que pode ser feito para a melhorar. Isso dá uma ideia de quando começar a publicitar o papel. Os dados para tal podem ser encontrados no ATS.

A taxa de conversão dos oleodutos candidatos dá ao recrutador uma ideia de quantas pessoas devem candidatar-se a este trabalho para obterem uma contratação bem sucedida. Também se pode analisar quantas pessoas se candidataram à próxima ronda de entrevistas, e pode haver algumas coisas a mudar também para poupar tempo aos entrevistadores para obterem um contrato de trabalho bem sucedido. Por exemplo, se uma empresa estiver à procura de engenheiros de produto e o processo de entrevista consistir numa entrevista pré-contratação, entrevista de produto, entrevista técnica e entrevista final. Além disso, se a conversão do pipeline mostrar que 80% dos candidatos estão a sair do processo na entrevista técnica, então é um sinal claro de que muito tempo e energia são desperdiçados na pré-criação e nas entrevistas de produto. Então, é altura de avaliar como renovar o processo para que se possa identificar mais cedo quem não tem sucesso na entrevista de produto. Talvez já antes da entrevista de pré-selecção, os candidatos possam ser solicitados a fazer uma tarefa técnica para eliminar os candidatos que não são tecnicamente fortes para passar na entrevista técnica de qualquer forma. Isto pode poupar muito tempo para os recrutadores e também para os membros da equipa que estão a entrevistar. As taxas de conversão de gasodutos dos candidatos também podem ser retiradas do ATS.

O NPS e o feedback dos candidatos é uma boa métrica para acompanhar o grau de satisfação dos candidatos com o processo de entrevista. O feedback é informação qualitativa enquanto o NPS pode dar-lhe um valor numérico. O feedback dos candidatos pode dar aos recrutadores uma boa percepção sobre como melhorar o seu processo para que os candidatos fiquem mais satisfeitos com o mesmo. Esta informação pode ser rastreada com alguns ATS e também com ferramentas de inquérito.

Criação de anúncios de emprego e escolha dos canais

A terceira etapa é a criação de um anúncio de emprego e a escolha dos canais para anunciar.

Como há muitas novas empresas e conselhos de emprego a chegar ao mercado a toda a hora, então é importante destacar-se com o anúncio de emprego entre outros que estão à procura de talentos semelhantes. Além disso, para atingir o grupo certo de candidatos, é necessário escolher os canais certos para anunciar e de onde provêm. As métricas utilizadas para tornar esta fase mais eficiente são, por exemplo, também o feedback de candidatos e colegas de trabalho, a fonte de candidatos e a taxa de resposta dos candidatos caçados com antecedência.

O feedback dos candidatos pode ser recolhido através do ATS ou de ferramentas de inquérito para compreender o que gostaram no anúncio de emprego e o que não gostaram, o que mais gostariam de ver ali para tornar o anúncio de emprego mais apelativo. Esta informação, naturalmente, deve vir de experiências anteriores e se para começar a procurar um cargo que já tenha sido contratado anteriormente, então o feedback do candidato de antes pode ser tido em conta. Além disso, o feedback dos colegas de trabalho pode ser recolhido ao preparar um anúncio de emprego, este pode ser recolhido ou com uma ferramenta de inquérito ou pessoalmente.

A fonte de candidatos é uma boa métrica a ter em conta quando se começa a escolher canais. Em primeiro lugar, todos os canais custam normalmente dinheiro e compreender quais os canais que são eficazes é parte da optimização de custos. Para além do custo, é também demorado anunciar em muitos canais diferentes. Esta métrica também pode ser rastreada com o ATS utilizado. Muitas placas de emprego, no entanto, não têm integração com ATS e, por conseguinte, requer trabalho manual. Os canais podem ou não converter bons candidatos. Assim, antes de fazer publicidade, seria útil analisar os dados históricos para ver quais os canais que se revelaram mais bem sucedidos na contratação de um determinado cargo.

Próxima métrica - uma taxa de resposta de candidatos caçados com antecedência. A caça à cabeça é uma prática comum para preencher papéis difíceis de encontrar. Para tornar a prática de headhunting mais bem sucedida, é possível acompanhar a taxa de resposta dos candidatos e optimizá-la para o máximo. Como mencionado anteriormente, um aspecto de ser orientado pelos dados é fazer hipóteses e pontos de aprendizagem. Com a taxa de resposta das mensagens de headhunting, uma hipótese pode ser que quando as mensagens enviadas às pessoas relevantes são alteradas, então a taxa de resposta aumentará. Uma forma de avaliar esta hipótese é fazer testes A/B com as mensagens e depois comparar os resultados entre cada grupo de estudo. Quanto maior for o número de respondentes, maior será a hipótese de obter uma boa contratação destas pessoas.

Entrevista

A quarta fase do processo de recrutamento é a realização de entrevistas. Uma vez identificada a necessidade de contratação, o processo de recrutamento planeado, o anúncio de emprego e os canais são escolhidos e os postos de trabalho afixados, então é altura de entrevistar os candidatos qualificados. Algumas métricas que podem ser medidas nesta fase são também a conversão do pipeline de candidatos, tempo para contratar e feedback dos candidatos e NPS - todos eles já foram explicados anteriormente.

Contratação

Final, a quinta etapa, é contratar o candidato adequado. Isto significa fazer uma oferta e o candidato a aceitar a oferta também. Uma métrica útil aqui a seguir é o feedback do candidato, bem como as razões de rejeição.

O feedback dos candidatos sobre as ofertas feitas anteriormente, bem como a razão da rejeição, pode dar uma valiosa percepção do que é importante para os candidatos e se a taxa de rejeição for elevada, então o mais provável é que seja altura de analisar quais as razões pelas quais os candidatos não aceitaram a oferta. Alguns temas recorrentes podem surgir, e depois pode ser decidido se estes são ou não algo que a empresa pode melhorar. As razões de rejeição podem ser seguidas com o ATS.

2. INVESTIGAÇÃO

Neste capítulo, o autor apresenta a descrição da recolha e análise de dados empíricos com mais detalhe. A estrutura é construída de modo a que, no início, a abordagem da investigação seja analisada mais de perto. Depois disso, é descrita a concepção da investigação e também é apresentada a recolha de dados.

Tal como confirmado na parte da literatura, tem havido poucos estudos sobre o recrutamento com base em dados. Existem, no entanto, muitos materiais não académicos e posts em blogues escritos sobre o assunto. Nesta tese, foi realizado um estudo piloto em empresas e startups em rápido crescimento na Estónia, bem como numa grande empresa e numa agência de recrutamento para obter informações adicionais comparáveis. O objectivo do estudo era compreender como as empresas estão a recolher e a utilizar dados para tomar melhores decisões de recrutamento e melhorar a sua eficiência na contratação.

Antes de entrar nos pormenores da investigação, é importante destacar alguns princípios que fazem com que as equipas sejam orientadas pelos dados: a equipa reúne métricas accionáveis e aprende com os dados.

Em primeiro lugar, equipas impulsionadas por dados devem concentrar-se em métricas accionáveis em oposição à métrica da vaidade. Como aprendemos anteriormente, a métrica da vaidade pode dar-nos uma visão geral do estado actual da métrica observada - mas não fornece qualquer informação sobre o que estava a conduzir o resultado, e não se pode confiar nela para prever o futuro. Assim, nesta investigação, temos de compreender se os recrutadores estão a concentrar-se em métricas accionáveis.

Outro princípio que faz com que os dados sejam dirigidos por uma equipa é o aspecto da aprendizagem. Isto significa que as equipas devem fazer uma hipótese para gerar um aspecto de aprendizagem quando tentam mudar alguma coisa. Com base nas entrevistas e na investigação, o autor da tese tenta compreender como as equipas, que são mais orientadas para os dados, têm melhorado os seus processos.

2.1. Metodologia

Na presente tese, foi realizada uma investigação qualitativa exploratória. A base da investigação qualitativa é a descrição da vida real. Em primeiro lugar, procura encontrar e apresentar factos ao público em vez de provar alegações já existentes (verdade) (Hirsjarvi et al 2005, 152 referido em Ounapuu 2014, 53). Os dados recolhidos com a investigação qualitativa permitem compreender se o recrutamento orientado por dados é importante para o arranque na Estónia e como tem ajudado as equipas a tomar melhores decisões. A questão da investigação, à qual o autor procura obter resposta, é como é que a decisão orientada pelos dados ajudou os recrutadores a tornar os seus processos mais eficientes.

Na parte da investigação, 12 recrutadores foram entrevistados para compreender se estão a utilizar dados para a tomada de decisões no seu processo de recrutamento. Em primeiro lugar, o autor quis compreender se eles pensam que são motivados por dados e depois, com base na entrevista, foi avaliado se eles são realmente motivados por dados. A avaliação foi baseada na teoria escrita na primeira secção da tese. Se as equipas de recrutamento eram motivadas por dados, então foi analisado mais detalhadamente como as métricas que são importantes para estas equipas se alteraram ao longo do tempo. Isto é para compreender se as decisões tomadas com base em dados e provas estão de facto a trazer os resultados desejados.

2.1.1. Grupo de amostra

O grupo de amostra desta tese consiste em 12 recrutadores e gestores de RH de 12 empresas diferentes: empresas em rápido crescimento, empresas em crescimento lento, grandes empresas e uma agência de recrutamento. O foco principal foi em startups, mas para obter alguma comparação, então uma grande empresa e uma pequena agência de recrutamento foram adicionadas ao grupo de amostra.

A selecção do grupo de amostra foi baseada na estratégia de selecção teórica, tendo em conta os critérios de conveniência, o que significa que a amostra foi criada de pessoas que foram encontradas mais facilmente na altura do inquérito, tendo em conta os critérios acima referidos (Laherand 2012, 71). Os entrevistados foram encontrados através de diferentes canais, cinco deles eram conhecidos do autor e outros foram contactados pessoalmente através do LinkedIn. Dois dos entrevistados foram contactados numa conferência de RH.

Para obter informações relevantes, as empresas dentro do grupo da amostra variam de tamanho e idade. O número de empregados das empresas entrevistadas que estão a fazer recrutamento interno varia entre 16 e mais de 2000. Uma grande empresa entrevistada, tinha mais de 2000 empregados, as restantes tinham na sua maioria entre 60-1000. Uma agência de recrutamento entrevistada tinha dois empregados. As empresas entrevistadas também variavam desde a localização da empresa, uma era uma empresa estónia local, e outras eram empresas internacionais. Devido à falta de importância da identidade da empresa, foi acordado com os entrevistados que estes permaneceriam autónomos. As informações que podem identificar as empresas não serão mencionadas nesta tese. Uma visão geral da amostra pode ser encontrada no Apêndice 1. A idade da empresa, tamanho e número de pessoas contratadas não são exactos, mas divididos em grupos. A idade da empresa está dividida em ser mais nova ou mais velha do que 1 ano, ou mais velha do que 3, 5 ou 10 anos. O tamanho é dividido em mais ou menos de 15 pessoas, mais de 50.100.200 ou 2000. As pessoas contratadas são divididas em mais de 10, 20, 50, 100 e 200. Dito isto, algumas das empresas já contrataram cerca de 300-500 pessoas. Para as manter anónimas, não está a ser divulgado.

2.1.2. O curso da investigação e recolha de dados

Foram realizadas 12 entrevistas semi-estruturadas com recrutadores e gestores de RH de 12 empresas diferentes. As entrevistas foram realizadas dentro do prazo de 10 de Marçoth de 2018 até 31 de Marçost , 2018. A todos os entrevistados foi dada a opção de fazer a entrevista cara a cara ou via Skype. A maioria das pessoas optou por fazer a entrevista via Skype. Uma entrevista foi também realizada cara a cara, e uma foi feita através de conversa por e-mail porque o entrevistado tinha um horário de trabalho ocupado e não conseguia arranjar tempo para telefonar. O formulário de entrevista semi-estruturada foi escolhido para dar aos entrevistados uma oportunidade de descrever os seus pensamentos e experiências mais livremente, e incluía 10 perguntas. As perguntas da entrevista foram criadas pelo autor com base num formulário teórico

enquadramento. As entrevistas foram conduzidas em estónio com estónios e em inglês com não estónios. A maioria das perguntas esperava que os entrevistados fossem guiados por dados. Se se verificasse que alguns dos entrevistados não eram guiados por dados, então a sua opinião sobre o assunto era questionada.

As entrevistas foram realizadas num ambiente calmo para garantir que os entrevistados pudessem falar sem interrupção. A duração das entrevistas variou de 28 minutos a 44 minutos, como se pode ver no Apêndice 1. A principal razão foi o facto de alguns entrevistados não terem tanto a partilhar do que outros sobre o facto de serem guiados por dados. As perguntas feitas aos entrevistados podem ser encontradas no Apêndice 2.

2.1.3. Método de análise

As entrevistas foram gravadas com o consentimento dos inquiridos para o gravador de voz. Todas as conversas foram transcritas em documentos do MS Word. A transcrição foi feita automaticamente no início, utilizando Veebipohine konetuvastus (http://bark.phon.ioc.ee/webtrans/) e depois corrigida manualmente.

Nesta tese, foi realizada a análise qualitativa do conteúdo, e foi utilizada a técnica de análise de casos cruzados. A relevância deste método de análise é que vários estudos de caso são considerados ao mesmo tempo para encontrar tópicos recorrentes, semelhanças e diferenças. A análise das entrevistas foi feita manualmente, e não foi utilizado qualquer software.

Tendo em conta que o tema desta tese de mestrado nunca tinha sido estudado na Estónia, e que a informação teórica está na sua maioria ausente, decidiu-se então combinar a abordagem dedutiva e indutiva. A parte teórica ainda apoia muito a investigação, mas a análise do conteúdo indutivo ajuda a trazer à tona factos que a teoria anterior não cobria (Kalmus et al. 2015). Os dados foram codificados com base nos quais o processo de recrutamento foi abordado. Os códigos foram divididos em cinco categorias: identificação das necessidades de contratação, planeamento, criação de anúncios de emprego e escolha de canais, entrevista e contratação.

Com base na parte teórica desta tese de mestrado, o autor sugere um quadro no Apêndice 3 que apresenta as etapas de recrutamento juntamente com as métricas que podem ser rastreadas, bem como bases de dados para rastreamento. O quadro é a base de toda a análise.

Os resultados e a análise da investigação são apresentados na parte seguinte da tese. As citações directas dos inquiridos começam a partir do travessão. Por detrás da citação, o número do proprietário da citação é escrito entre parênteses juntamente com o ano, por exemplo (n.º 6 2018). A parte recortada do texto é indicada pelo símbolo /.../.

2.2. Resultados da investigação e análise

Nesta parte, os resultados das entrevistas são reflectidos, e as respostas das entrevistas são analisadas. A análise dos resultados das entrevistas foi estruturada com base nas etapas do processo de recrutamento. Foi analisada a quantidade de empresas que estão a seguir as métricas em cada etapa de recrutamento e quais são as métricas que estão a ser seguidas. Além disso, exemplos de como o conhecimento dos dados melhorou o processo de recrutamento para as empresas. No Apêndice 4 é possível ver uma visão geral das métricas utilizadas por cada empresa.

2.2.1. Identificação das necessidades de contratação

Das entrevistas resultou que apenas 4 das 12 empresas estão a seguir algo no que diz respeito à identificação das necessidades de contratação. A empresa n.º 1 mencionou que seguiriam o tempo a contratar e a taxa de rotatividade dos empregados. No entanto, de momento são demasiado jovens e não dispõem de quaisquer dados relevantes a esse respeito. Estão a utilizar um ATS com bons relatórios para rastrear estes dados.

Uma empresa bem estabelecida n.º 8 que está no mercado há mais de 10 anos com mais de 2000 empregados e também tem uma equipa de recrutamento bem estabelecida, disse que as necessidades de contratação vêm do Gestor e dos parceiros de RH que estão a trabalhar em conjunto com a equipa de recrutamento. Eles estão a seguir quantas pessoas desistiram antes do período de experiência e quantas desistiram antes de um ano. Estes dados são utilizados para compreender o que melhorar para fazer com que as pessoas fiquem ou atrair candidatos que têm mais probabilidade de ficar. Eles estão a manter e a seguir estes dados em folha de excel. (No 8 2018) Como sugestão, estes dados também podem ser utilizados para prever as futuras necessidades de contratação.

A empresa n.º 6 disse que começou a procurar o atrito para compreender o que historicamente tem sido compreender se é possível prever o volume de negócios no futuro. Estes dados são rastreados em Looker - uma ferramenta analítica que obtém os seus dados a partir do sistema de RH ou do ATS. Também estão a seguir o número de contratações através do seu ATS - quantas pessoas foram contratadas de acordo com o plano e quantas contratamos fora do plano. Isto facilita a compreensão de quantas pessoas não foram contratadas de acordo com o plano. Esta informação é partilhada com os gestores de contratação. Isto pode ajudar os gestores contratados a ter em conta quantas pessoas contrataram em cada trimestre sem saberem a necessidade antes e a tê-la em conta quando começarem a contratar novamente para tornar os planos mais realistas para a sua própria equipa, bem como para a equipa de recrutamento.

> *"Bem, a certa altura tentámos localizar o atrito, o que tem sido historicamente, tudo bem? Para compreender se é possível prever quantas pessoas estão a abandonar a equipa, por exemplo. Não nos esquecemos demasiado com isso. "* (No 6 2018)

> *"Outra coisa que temos tentado seguir, se as contratações estão em plano ou fora de plano para compreender quantos são as contratações que não podemos planear /.../ para que juntos possamos planear, sim., estas são as contratações que sabemos o que precisamos mas talvez, como historicamente cada trimestre tem sido 3 contratações que têm vindo de quem sabe de onde, então sabemos como prever melhor. "* (No 6 2018)

ft foi mencionado pelo recrutador da empresa n.º 6, que embora a empresa tenha dados, ainda não há um bom resultado porque a taxa de crescimento da empresa ainda é desconhecida e ainda há muitas pessoas contratadas fora do plano. Como a própria empresa não sabe a que velocidade está a crescer e quem é necessário, a equipa de recrutamento está sempre por detrás do planeamento da sua própria necessidade de contratar para a equipa de recrutamento.

A empresa n.º 10 disse que está a acompanhar a taxa de rotatividade dos empregados, mas é feito para se manter atenta e tirar conclusões. Os dados são retirados da ATS mas estão a ser seguidos em folha de excel. Não é algo que eles estejam a tentar corrigir. Quando questionados sobre a razão pela qual estão a rastrear a taxa de rotatividade e que informações fornecem, então a resposta foi:

> *"Perguntas interessantes, certo. Porque é que o sigo? Iguess I want it to be as low percentage as possible. /..../ É bom estar atento e fazer resumos. Posso prever algo ou melhorar as coisas com base nisso? Boa pergunta. Talvez devesse ser feito de uma forma mais inteligente".* (No 10 2018)

A empresa n.º 7, que tem começado a rastrear mais dados agora, mas até agora não tem sido realmente impulsionada por dados, uma vez que tem sido difícil de rastrear, disse que é difícil identificar as necessidades de contratação uma vez que são reactivas porque os planos não são certos. Tudo depende dos projectos que estão a entrar. Mesmo a gestão de topo não sabe exactamente quais são as necessidades para os próximos dois trimestres.

> *"Somos bastante reactivos em vez de proactivos. Estamos a contratar onde é necessário. /..../ Não é possível prever muito tempo à frente. /..../ Neste momento, os gestores de campo nem os gestores de topo podem dizer quais são os planos para os próximos dois trimestres. "* (No 7 2018)

Além disso, muitas empresas disseram que não estão a seguir o volume de negócios, uma vez que não tem havido muitas pessoas a sair e, por conseguinte, não houve necessidade disso (por exemplo, n.º 4 2018, n.º 5 2018, n.º 7 2018, n.º 9 2018). Duas empresas (N.º 1

2018, N.º 11 2018) ainda não têm quaisquer dados, apesar de pensarem que é importante seguir o seu rasto. A empresa n.º 1 tem menos de um ano e a empresa n.º 11, tem estado apenas a rastreá-la desde que um novo recrutador começou, alguns meses antes da entrevista. A agência de headhunting n.º 12 também não está a rastreá-la porque não é relevante para eles (n.º 12 2018).

Todos os entrevistados confirmaram que é difícil identificar as necessidades de contratação, uma vez que as necessidades do negócio estão em constante mudança, e que é difícil para a gerência prever a necessidade de contratação. Mesmo assim, algumas empresas estão a tentar acompanhar a taxa de rotatividade e o tempo de contratação, mas nenhuma das empresas teve um bom exemplo de como conseguiram tornar este passo mais eficiente, baseando-se em dados.

Um dos destaques aqui é que o número de contratações parece ser, no início, métrica de vaidade. No entanto, olhando para os comentários da Empresa n.º 6 sobre o porquê de estarem a seguir o número de contratações, então prova-se de facto que se trata de uma métrica accionável.

Destaque:

- 4 das 2 empresas estão a seguir os dados nesta fase;
- O rastreio de dados não leva a que as empresas actuais sejam mais eficientes;
- Uma série de contratações revelaram-se-me muito úteis a partir destas entrevistas.

2.2.2. Planeamento

ft revelaram que 8 de 12 empresas disseram que estão a seguir métricas para planeamento. Todas essas oito empresas estavam a seguir o tempo de aluguer, cinco empresas estavam também a seguir o tempo de enchimento, e uma empresa estava também a seguir a conversão de gasodutos.

A empresa nº 3 está a acompanhar o tempo de enchimento e o tempo de contratação de métricas para entrevistas de planeamento e para além dessa conversão de gasodutos via

ATS. Melhoraram muito o processo de entrevista ao longo do ano. Por exemplo, um par de vezes por ano o recrutador reúne-se com o gerente de contratação para analisar o processo de entrevista - quanto tempo leva para preencher uma função, quantos candidatos entraram em cada etapa e analisaram como torná-lo melhor. Analisam a conversão da conduta do candidato. Por exemplo, analisam os resultados dos testes que os candidatos têm de fazer e decidem se a tarefa do teste é adequada ou se deve ser alterada com base no número de candidatos que avançam para a fase seguinte e que desistem. Analisam também se podem fazer algo para recortar mais alguns dos candidatos no início do processo para não perderem tempo com entrevistas a candidatos não adequados. (N.º 3 2018)

Dois dos principais KPIs da empresa n.º 6 são tempo para contratar e tempo para preencher, e são rastreados via ATS e analisados em Looker.

> *"Estamos a tentar compreender a rapidez com que podemos colocar candidatos durante todo o processo de entrevista e o outro é o tempo que leva a trabalhar com um papel toforecastado no futuro. Ok, leva-nos, bem, cerca de 70 dias a encontrar essa pessoa, então sabemos que no futuro temos de começar a procurar esta posição pelo menos 70 dias antes de querermos que eles comecem. "* (No 6 2018)

> *"Muito bem, oleoduto, onde estão os estrangulamentos. As pessoas estão a chegar muito depressa /.../ e de alguma forma também passam pelo rastreio telefónico e de repente param na fase de entrevista 1st . Será porque não conseguimos obter feedback ou disponibilidade ou o que está a acontecer".* (No 6 2018)

Uma recrutadora da empresa Noll, disse que no seu trabalho anterior eles sabiam que algumas áreas tinham maior movimento e rotação, por isso eram mais pró-activos. Por exemplo, com posições juniores. É um período de tempo conhecido quando os juniores se formam na escola, e há um padrão de disponibilidade que a empresa pode ter em mente, por exemplo, contratar juniores durante o verão após a formatura. (N.º 11 2018)

O tempo para contratar é uma boa métrica a seguir porque pode dar uma visão geral da duração histórica do processo de contratação, uma vez que o candidato apresenta a candidatura, e existe algo que pode ser melhorado para encurtar o tempo. O tempo a preencher é também uma boa métrica a seguir porque pode dar uma visão geral de quanto tempo foi o processo global, desde a abertura da vaga até à contratação de alguém para preencher a vaga.

Destaque:

- 8 de cada 2 empresas estão a seguir as métricas nesta fase;
- O tempo para contratar e a conversão de condutas parecia ser a métrica mais útil para as empresas;
- Com base nos números de contratações anteriores, pode ser melhorado nas próximas contratações.

2.2.3. Criação de anúncios de emprego e escolha de canais

A terceira etapa, a criação de anúncios de emprego e a escolha de canais, é de certa forma acompanhada pela maioria das empresas. Todas as empresas, sendo ou não orientadas para os dados reais, estão a rastrear que canais têm melhor desempenho para compreender onde colocar empregos e que canais utilizar para obter candidatos mais qualificados. Está também relacionado com os custos. A escolha de canais errados pode tornar-se dispendiosa para a empresa. É claro que as fontes variarão dependendo do papel, mas podem ser tiradas conclusões já durante o primeiro processo de contratação. Para além desta métrica, duas empresas estão também a seguir a taxa de resposta dos candidatos caçadores de cabeças, e uma empresa está também a seguir desde os cliques até à candidatura nos seus anúncios de emprego.

Por exemplo, a empresa n.º 1, que ainda é jovem e ainda não tem contratado muita gente, mas vai expandir a sua equipa em cerca de 30 pessoas este ano, disse que já estão a investigar a fonte dos candidatos entre outras métricas que estão a ser seguidas. Esta informação permite-lhes tomar melhores decisões de contratação. Os dados mostram que fontes são eficazes e quais não são. Com esta informação, eles sabem onde anunciar mais e que canais largar. O recrutador disse que ganharão tempo e quando não tiverem de colocar e gerir empregos em lugares que não estão a desempenhar e podem gastar em lugares através do que podem realmente conseguir bons candidatos. Estes dados estão a ser seguidos com ATS que fornece bons relatórios.

> *"Por exemplo, fizemos publicidade na Índia, e passámos muito tempo a rever e entrevistar esses candidatos mas eles não foram bem sucedidos, por isso decidimos desistir de visar este país. "* (No 1 2018)

Também a empresa n.º 2, que está em rápido crescimento e está no mercado internacional há muitos anos, disse que não está a medir mais nada neste momento, mas que está a investigar a fonte dos candidatos. Disseram que o sourcing activo dos candidatos provou ser o mais bem sucedido, especialmente nas funções que são de grande procura, por exemplo, talentos de TI. Como esta é a melhor forma de encontrar candidatos qualificados, então eles estão a concentrar-se nesta fonte. Estão a experimentar testes A/B de e-mails reach-out. Um e-mail é enviado para um grupo de amostra, e outro tipo é enviado para outro grupo de amostra. Depois os resultados serão comparados, e a mensagem de melhor desempenho será tomada como ponto de partida para um novo teste A/B. Até agora, a empresa nº 2 soube que a taxa de resposta em mensagens personalizadas é de 41% enquanto na mensagem genérica é de 23%. Em ambos os casos, 20% das pessoas que responderam estavam interessadas na posição. (N.º 2 2018) Acontece que atrair pessoas é importante para obter uma maior taxa de resposta porque isso também significa que mais pessoas estarão interessadas na posição.

A empresa n.º 5 que está apenas a seguir a fonte dos candidatos disse o seguinte:

> *"Estamos de facto a procurar fonte de contratações,por exemplo, já não estamos a utilizar o CV online porque a qualidade dos candidatos era muito fraca. Bem, estamos a pressionar as referências, uma vez que isto provou funcionar melhor e também o fornecimento do LinkedIn funciona bem para nós".* (No 5 2018)

A empresa nº 7 disse que ainda não está a seguir a origem dos candidatos, mas a experiência anterior do recrutador mostrou quais os canais que estão a funcionar bem e quais os que não estão. Começarão a rastrear com o seu novo ATS, que lhes dará uma melhor visão geral das fontes de candidatos, bem como outras métricas que iniciem, começarão a rastrear. Para a descrição das funções, já estão a utilizar textio e copywriters para escreverem anúncios de emprego mais apelativos. O Textio dá um indicador das palavras a utilizar e das que não utilizar. Esta não é uma abordagem baseada em dados, no entanto, eles também pedem feedback aos seus próprios empregados sobre as descrições de funções e, com base no feedback que estão a melhorar.

Um bom exemplo foi dado pela Companhia nº 10 sobre os anúncios j ob. Eles estão a analisar o que funciona e o que não funciona. Como exemplo, disseram eles:

> *"Assim que começámos a recrutar para um novo posto de trabalho e* gritámos *o anúncio de emprego com base na nossa necessidade e na análise do emprego que fizemos. Como resultado, a maioria dos candidatos que se candidataram estavam sobrequalificados e candidataram-se de todas as partes do mundo. No entanto, precisávamos realmente de alguém que tivesse aproximadamente 3 anos de experiência e que estivesse disposto a aprender do mercado local, mas não recebemos tais candidatos. Assim, fechámos a vaga e reescrevemos o anúncio de emprego com novos e mais relevantes requisitos e não fizemos publicidade no LinkedIn".* (No 10 2018)

Não pediram qualquer feedback aos candidatos nem a outras pessoas, pois viram que tinham escrito o anúncio de emprego para atrair pessoas erradas. O recrutador sentou-se juntamente com o gerente de contratação e analisou as pessoas que atraíram para o posto de trabalho anterior e que estão realmente à procura. Depois de reescreverem o anúncio de emprego e a publicidade apenas no mercado local, receberam mais candidatos qualificados e contrataram um.

Outro bom exemplo de anúncio de emprego de escrita veio da Empresa No 6. Disseram ter começado a seguir as razões pelas quais as pessoas estão a aderir. No seu formulário de candidatura, fazem as seguintes perguntas: porque é que querem aderir e como é que ouviram falar de nós. Com base nos resultados, redigiram os seus anúncios de emprego e colocaram mais informação sobre as coisas que os candidatos mais se preocupam em atrair-lhes mais. Além disso, as perguntas sobre onde os candidatos ouvem falar da empresa dar-lhes-ão uma ideia do que devem fazer mais, por exemplo, escrever mais posts em blogues ou falar em eventos. Além disso, a empresa n.º 6 também está a acompanhar quantas pessoas de entre aquelas, que clicam no anúncio de emprego, também se candidataram de facto. Estes dados estão disponíveis através do seu ATS. O rastreio disto pode dar-lhes informações sobre como as suas candidaturas a emprego melhoraram. Pode provar ou refutar a sua "hipótese" de fazer certos ajustes no seu anúncio de emprego, numa crença para atrair mais candidatos.

Como se pode ver, a fonte das contratações é a métrica mais rastreada pelas empresas, mesmo por aquelas que não rastreiam mais nada. Pode dar informação onde dirigir a atenção e dinheiro para obter candidatos mais qualificados. Além disso, à medida que a caça de talentos se torna mais importante para conseguir boas contratações, algumas empresas estão a mostrar um bom exemplo de como a taxa de resposta de rastreio e a realização de testes A/B podem ser úteis.

Destaques:

- 12 das 2 empresas estão a seguir os dados nesta fase;
- A fonte de candidatos é a métrica mais controlada por todas as empresas; provavelmente porque é difícil para todos encontrar bons talentos informáticos;
- Outra métrica útil rastreada por algumas empresas é a taxa de resposta dos candidatos à caça de cabeças.

2.2.4. Entrevista

50% das empresas entrevistadas estão também a seguir as métricas na sua fase de entrevistas. As métricas mais seguidas nesta fase são o feedback/satisfação dos candidatos e o NPS, que é seguido por cinco empresas e a conversão de gasodutos, que também é seguida por cinco empresas. Além disso, o tempo a contratar e o tempo a preencher tem sido acompanhado não só para fins de planeamento, mas também para fins de entrevista. O número de empresas que as seguem para esta fase é menor do que o número de empresas que as seguem para fins de planeamento. O tempo a contratar é controlado por cinco empresas e o tempo a preencher é controlado por quatro empresas.

A empresa nº 6 disse que um dos seus principais KPIs inclui tempo desde a candidatura até à oferta e tempo desde o papel aberto até ao fecho. Cada recrutador também analisa a conversão do pipeline de candidatos para identificar estrangulamentos em que as fases em que os candidatos deixam de se mover dentro do processo de entrevista e analisam-no e depois tentam corrigi-lo para tornar o processo mais rápido. Esta métrica é relevante para esta empresa na fase de entrevista, uma vez que têm os papéis constantemente abertos e, como resultado da análise dos dados, o processo de entrevista pode melhorar. Os dados para esta métrica provêm da ATS. Por exemplo, no seu processo de contratação de uma função semelhante, no início não tinham um processo unificado para a mesma. Cada gestor de contratação tinha o seu próprio processo para a mesma função. Viram aí um problema porque os entrevistadores não estavam exactamente seguros do que deveriam avaliar nas suas entrevistas e os candidatos tinham processos diferentes para a mesma função, baseados em quem era o gestor de contratação. Começaram a resolvê-lo. Todos os gestores contratados reuniram-se e tiveram uma reunião com o seu recrutador e fizeram um processo de entrevista universal para todas as entrevistas e, actualmente, todos compreendem o que é o processo e quem é responsável por avaliar o quê em cada etapa da entrevista. Desde então, os entrevistadores tornaram-se mais confiantes nas suas decisões. Também tornou a contratação mais fácil.

> *"Eu, como recrutador, podia dizer aos candidatos qual é o processo e o candidato não desistiu mais. Os gestores de produto da AH também podiam compreender a si próprios o que se passava /.../ o que era avaliado em cada processo de entrevista /.../."* (No6 2018)

Um exemplo de como isto melhorou a contratação é o seguinte exemplo. Antes do processo unificado, contratavam uma pessoa para esta função por trimestre, e agora estão a contratar em média seis pessoas para a função por trimestre. Todos estavam envolvidos, e o processo de contratação era mais claro e rápido.

Além disso, a empresa n.º 6 também está a pedir ao candidato NPS e o feedback como experiência de candidato é importante para eles, e também dá uma boa perspectiva sobre o que continuar a fazer no seu processo de entrevista e o que melhorar. A empresa n.º 6 está a utilizar um bom ATS que lhes permite recolher e analisar o feedback dos candidatos, bem como outras métricas.

A empresa n.º 7 não rastreou nada até ao momento, mas começam a rastrear a conversão do gasoduto candidato, o tempo para contratar e o tempo para preencher e entrevistar qualidade assim que se transformaram num melhor ATS que lhes permite obter relatórios sobre as métricas. O recrutador sabe que a contratação de gestores que são mais rápidos no preenchimento de formulários de feedback após as entrevistas está a contratar mais pessoas. Quando é rastreado com ATS, também pode ser mostrado no jornal a outros, que os dados mostram que os entrevistadores que preenchem os quadros de pontuação mais rapidamente também estão a contratar mais rapidamente, pelo que é importante melhorar a sua rapidez em dar feedback.

> *"Temos 30 gestores contratados./..../! consigo ver, que os gestores contratados mais rápidos conseguiram contratar 4 pessoas aqui no prazo de três meses. Mas aqueles que estão apenas a vegetar e que não lidam com este assunto não podem contratar ninguém. Então, dizem-me que esta equipa precisa de pessoas, mas eu posso dizer que não fica atrás de mim. Então, posso mostrá-lo com base em dados que, sem dúvida, o engarrafamento está lá. "* (No 7 2018)

No futuro, também querem começar a seguir o feedback dos candidatos, mas de momento não acham que seja uma prioridade.

A empresa nº 8, disse que só recentemente começaram a recolher a satisfação do candidato, mas ainda não têm quaisquer resultados.

A empresa n.º 9 disse que estão a tentar ser muito rápidos no seu processo de entrevista e, por conseguinte, não segue nenhuma métrica. O mais rápido que contrataram uma pessoa é menos de uma semana. Estão a pedir feedback sobre as entrevistas às pessoas que contrataram pessoalmente, mas não o rastreiam sistematicamente.

A empresa n.º 10 está a acompanhar o tempo de enchimento e o tempo para contratar também a conversão de gasodutos e o feedback dos candidatos que tenham feito pelo menos uma ronda de entrevistas com eles. Todos os dados provenientes destas métricas serão analisados de forma excelente e estudada a forma de melhorar. Como exemplo, procuraram um papel no pipeline do candidato e alteraram o processo de entrevista. No início, fizeram a primeira entrevista antes e depois prosseguiram com o teste, mas muitos candidatos não passaram, e também não tiveram quaisquer contratações. Depois mudaram o processo de modo que o teste veio primeiro e isso já excluía muitos candidatos que de outra forma teriam passado pelo processo de entrevista. Isso poupou muito tempo, pois aqueles que não se qualificaram após o teste não foram sequer entrevistados. O resultado sobre o exemplo acima foi o seguinte. No início, receberam 78 candidatos, 29 dos quais fizeram a primeira entrevista mas ninguém foi contratado, pelo que perderam tempo a entrevistar estes candidatos. Depois disso, recomeçaram tudo de novo. Depois receberam 42 candidatos, 7 receberam testes em casa, e todos foram à triagem, à entrevista técnica e alguns prosseguiram para a entrevista final. Depois disso, contrataram uma pessoa. (N.º 10 2018) Isto pode mostrar claramente como a modificação do processo de entrevista pode poupar tempo e também trazer melhores resultados.

Um recrutador da empresa Noll também disse que anteriormente rastreou e começará a rastrear no tempo actual da empresa para contratar, tempo para preencher, tempo gasto em cada etapa, bem como o feedback do candidato. O recrutador disse que, ao analisar os dados recebidos, estes podem ser analisados e o processo de entrevista também pode ser melhorado.

Pode-se ver claramente a partir destes exemplos, que a análise e análise de dados pode levar à modificação dos processos de entrevista e pode levar a melhores resultados, como provam os exemplos da empresa n.º 6 e da empresa n.º 10. Como provado pela empresa n.º 7, os dados também podem ser úteis para mostrar as razões do fracasso na contratação de partes relevantes, de modo a poderem ser vistos a partir do papel e depois, espera-se, que possam conduzir a melhorias.

Destaques:

- 6 de!2 empresas estão a seguir os dados nesta fase;

- As métricas a serem seguidas nesta fase poderiam também ter sido seguidas noutras fases. Tal como o tempo para contratar poderia ter sido rastreado na fase de planeamento. No entanto, a necessidade de rastrear depende de a empresa manter as funções abertas durante muito tempo para preencher muitas posições ou de procurar preencher apenas uma posição;
- A conversão de gasodutos candidatos, a satisfação dos candidatos e o tempo para contratar são mais controlados e úteis nesta fase.

2.2.5. Contratação

Apenas 3 das 12 empresas estão a seguir algumas métricas na fase de oferta. Duas empresas estão a seguir as razões de rejeição da oferta, e uma empresa está a seguir o tempo a oferecer.

A empresa n.º 1 está a seguir o motivo da rejeição através do ATS. No entanto, é demasiado cedo para tirar quaisquer conclusões. A empresa n.º 6 também está a seguir os motivos de rejeição e quanto tempo demora a fechar as pessoas, o que significa quanto tempo as pessoas estão em fase de oferta. ATS fornece-lhes todos os dados necessários.

> *"No último trimestre, por exemplo, 8 engenheiros não aceitaram a oferta, porque /.../ o salário não era suficientemente alto. Então já pode ir ter com o gerente de contratação e dizer: "Não sei se temos aproblem com salários, mas devíamos falar sobre isso".* (No 6 2018)

Depois de falar com o gerente de contratação, eles já podem decidir o que pode ser feito a esse respeito.

A empresa n.º 10 também pergunta aos candidatos a razão pela qual a oferta foi rejeitada, mas não a recolhe sistematicamente. A empresa n.º 11 disse que é algo que vale a pena acompanhar, mas até à data ainda não dispõe de dados.

Destaques:

- 3 das 2 empresas estão a seguir os dados nesta fase;
- Apenas algumas métricas podem ser seguidas nesta fase;
- O motivo de rejeição dos candidatos parecia acrescentar mais valor ao recrutamento nesta fase.

3. RESULTADOS E DISCUSSÃO

Na parte actual da tese de mestrado, são analisados os principais resultados e conclusões do estudo e serão dadas respostas às questões de investigação definidas.

Geral

Globalmente, verificou-se que 50% se as empresas entrevistadas se considerassem a si próprias como sendo movidas por dados. Isto significa que estão a seguir dados para pelo menos 3 etapas do processo de recrutamento. Com base na teoria e sendo investigado o significado de ser orientado pelos dados, o autor da tese descobriu que apenas 25% das empresas entrevistadas são realmente orientadas pelos dados. A principal razão para a diferença é o facto de as empresas também terem rastreado muitas métricas de vaidade. Um quadro com conclusões sobre quais as empresas que estão de facto a ser orientadas para os dados pode ser encontrado no Apêndice 5. Algumas empresas, por exemplo, a nº 7 disse que começariam a procurar dados, mas ainda não tinham o processo pronto, pelo que se concluiu que, até agora, ainda não tinham sido guiadas por dados. Apêndice 6. Mostra quantas empresas disseram que eram movidas por dados em cada fase e quantas são realmente.

Apenas 3 das empresas têm vindo a rastrear dados há tempo suficiente para terem tempo de tirar quaisquer conclusões e começar a melhorar os processos para melhorar os seus Indicadores Chave de Desempenho (KPIs) e métricas.

Outros 50% das empresas entrevistadas disseram que estão a medir alguns dados, mas que não são realmente orientadas para os dados em geral. Foi revelado por muitas empresas, que de momento não vêem valor nos mesmos. Uma razão que foi trazida à luz por algumas empresas (por exemplo, as empresas n.º 4 e n.º 9) que não estão a ser orientadas para os dados é que é porque a equipa de recrutamento é constituída por uma pessoa e, portanto, estão a armazenar o conhecimento e os dados nas suas cabeças. No entanto, ambas concordaram que vêem valor nela se a equipa crescer.

Também se verificou que a maioria das empresas está a ser reactiva no seu processo de recrutamento, uma vez que mesmo a liderança muitas vezes não tem uma compreensão clara das necessidades de contratação para o próximo ano ou mesmo trimestre. Foi dito muitas vezes que é bom que os recrutadores possam receber um quarto de aviso prévio no que diz respeito às necessidades de contratação. Isto foi relevante não só para as empresas em rápido crescimento, mas também para as empresas que estão a contratar mais lentamente.

Em relação às bases de dados utilizadas para recolher e analisar dados, verificou-se que a maioria das empresas ainda está a utilizar o Excel e as folhas de cálculo do Google para seguir as métricas. Muitas empresas estão a utilizar algum tipo de ATS, mas não o suficiente para permitir a elaboração de relatórios. Apenas 4 empresas estão a utilizar um bom ATS que também pode ser utilizado para rastrear diferentes métricas. Uma empresa está também a utilizar o Looker - uma ferramenta analítica para analisar dados para além de um ATS. Foi interessante descobrir que algumas empresas que estão a contratar mais de 200 pessoas por ano não estão a utilizar um bom ATS, o que pode de facto ajudá-las a rastrear mais facilmente sem se esforçarem demasiado. Descobriu-se que as empresas que estão a utilizar o Greenhouse and Lever ATS poderiam obter bons relatórios a partir dele, pelo que o seguimento e análise dos dados não é difícil. Por outro lado, as empresas que estão a utilizar outros ATS como Easycruit, Recruiterbox e Workable, têm de utilizar folhas de Excel e Google como um extra para rastrear e analisar dados. No entanto, não são suficientemente bons para permitir a elaboração de relatórios eficientes para analisar melhor.

Pode inferir-se que as empresas que chegaram a um entendimento de que os dados são importantes para elas e que podem realmente ajudá-las a ser mais eficientes nos seus processos também optaram por utilizar um ATS que ajuda com eles. Ao mesmo tempo, pode ser ao contrário, se as empresas tiverem escolhido primeiro o ATS e depois aprenderem que ele também fornece bons relatórios, só então é que começam a olhar para os dados e começam a ver padrões e pontos de dor que precisam de ser tratados.

De todas as entrevistas concluiu-se que a necessidade de seguir as métricas não vem do lado da empresa, mas sim de uma iniciativa dos próprios recrutadores. Apenas um recrutador disse que a direcção poderia por vezes dar um indicador do que começar a seguir. Foi uma descoberta interessante porque a maioria das empresas que foram entrevistadas eram start-ups. No entanto, as startups são impulsionadas por dados em todos os aspectos, o que significa que têm de acompanhar a conversão de clientes, resultados de campanhas de marketing, etc. Uma vez que a condução dos dados deve ser escrita no ADN do startup, então é surpreendente que a direcção em muitas empresas não tenha pensado em expandi-la também para a equipa de recrutamento. Especialmente porque o recrutamento desempenha um papel importante no crescimento e desenvolvimento da empresa. No entanto, o facto de os próprios recrutadores o terem considerado útil e necessário provou a teoria de que nas empresas em fase de arranque a estrutura é de facto plana e as equipas são autónomas. Por isso, é da responsabilidade da equipa de recrutamento elaborar uma estratégia e melhorar os seus processos.

Processo de recrutamento e métricas

O estudo revelou que as empresas que estão intencionalmente a rastrear dados apenas escolheram algumas métricas para rastrear. Os entrevistados não tinham feito um plano estratégico para melhorar todas as etapas do processo de recrutamento. Embora a análise tenha revelado que 3 empresas estão a rastrear métricas para cada etapa de recrutamento, então não foi a sua intenção inicial. Uma dessas empresas acabou de começar a seguir as métricas, e esta decisão foi tomada desde o início do seu processo de recrutamento. Além disso, devido a isso, também foi escolhido um ATS relevante. No entanto, esta empresa tem funcionado demasiado pouco tempo para que tenham exemplos concretos de como os dados os têm ajudado a melhorar o seu processo de recrutamento. As outras duas empresas que têm vindo a seguir sistematicamente os dados durante alguns anos já encontraram a necessidade a partir dos pontos de dor que tiveram. O mesmo se aplica a outras empresas também, todos disseram que a necessidade de medir algo provém dos pontos de dor no processo. Como muitas empresas não estão a medir muitas coisas, então talvez estejam satisfeitas com o processo actual e não tenham pensado que talvez ainda possa ser melhorado.

ft foi encontrado, que a identificação das necessidades de contratação é a segunda etapa menos medida no processo de recrutamento, mas na realidade a menos melhorada. Mesmo que algumas empresas estejam a medir algo, não ficou claro para elas porque é que o mediram, ou isso não conduziu a qualquer resultado. Por exemplo, a empresa n.º 6 estava a lutar para contratar o número de pessoas necessárias, e por isso começaram a seguir o atrito e também as pessoas que foram contratadas dentro e fora do plano. Infelizmente, o seu esforço em rastrear o atrito não levou a qualquer sucesso, ft parece ter qualquer sucesso em rastrear a rotatividade de empregados ou outras métricas para identificar as necessidades de contratação, o crescimento da empresa deve estabilizar. Porque se as empresas nem sequer podem prever qual será a sua taxa de crescimento ou quais as posições necessárias, então o foco na rotatividade talvez não pareça ser uma prioridade.

Pode-se concluir que embora existam algumas métricas que em teoria podem ajudar o recrutamento e a gestão a identificar as necessidades de contratação, então é difícil para os startups de crescimento rápido prevê-lo. Mesmo se forem recolhidos dados, então é difícil tirar quaisquer conclusões. Uma boa sugestão veio da empresa n.º 6. Mesmo que seja difícil conhecer a necessidade de contratação para o futuro, então as empresas podem fazer um plano provisório de contratação. Além disso, quando se rastreia pessoas que foram contratadas dentro e fora do plano, então pode dar alguma ideia de quantas contratações extras devem ser adicionadas ao plano de contratação para obter números mais realistas. Isto pode ajudar a empresa de muitas maneiras. Por exemplo, isto pode ajudar a equipa de recrutamento a planear o seu próprio tempo de trabalho e o seu número de efectivos. Além disso, isto pode levar a um processo de contratação mais suave e rápido para a equipa de recrutamento. Se houver o mínimo de surpresas possível, então a equipa de recrutamento pode trabalhar mais eficazmente e fornecer melhores resultados.

Metade das empresas entrevistadas acharam importante seguir algumas métricas para fins de planeamento. Todas as métricas pré-propostas foram seguidas por uma ou outra empresa, excepto o feedback dos candidatos e o NPS. A maioria dos recrutadores achou que é importante seguir o tempo de contratação. O tempo para contratar é uma boa métrica a seguir porque pode dar uma visão geral da duração histórica do processo de contratação quando o candidato apresenta a candidatura, e existe algo que pode ser melhorado para encurtar o tempo. Além disso, o tempo a preencher é uma métrica que muitas pistas. Pode dar uma visão geral de quanto tempo foi o processo global, desde a abertura da vaga até à contratação de alguém para a preencher. A conversão de gasodutos candidatos tem sido acompanhada por algumas empresas para planear melhor, mas seria sugerido que mais empresas a seguissem para planear. No entanto, muitas empresas estão de facto a seguir a conversão do gasoduto candidato, mas estão a seguir o seu percurso para a fase de entrevista. O tema comum para isso pode ser o facto de muitas empresas nem sequer fecharem os papéis e estarem a contratar continuamente. Por conseguinte, não há muito a fazer em termos de planeamento. O mesmo se aplica ao feedback dos candidatos sobre as entrevistas. Algumas empresas pedem-no, mas está principalmente na fase de entrevista para obter feedback rápido e melhorar o processo enquanto este já está em curso. No entanto, a mesma conclusão pode ser retirada: devido à equipa de recrutamento ser mais reactiva do que proactiva, então também não é fácil seguir as métricas para fins de planeamento.

A métrica mais medida foi a fonte de contratações na etapa de criação de anúncios de emprego e escolha de canais. Como mencionado anteriormente, os recrutadores estão a seguir o que parece ser o maior ponto de dor para eles. Entende-se que atrair talento está a tornar-se cada dia mais desafiador e, ao mesmo tempo, o recrutamento é dispendioso para a empresa. Para anunciar nos canais certos, é importante compreender quais os canais que se convertem. Isso pode poupar tempo e dinheiro aos recrutadores para a empresa, bem como levar a uma melhor qualidade de contratação. Outro bom exemplo de como esta fase foi melhorada pelas empresas veio da empresa nº 10 e da empresa nº 6. Descreveram como a análise dos postos de trabalho e dos dados provenientes dos candidatos lhes deu melhores resultados.

A maior parte das métricas úteis seguidas na fase de entrevistas tem sido o tempo de contratar, a conversão de condutas de candidatos e o feedback dos candidatos. A empresa nº 6 trouxe um bom exemplo de como o seu tempo para contratar melhorou para uma função específica após o processo de entrevista ter sido melhorado. Também a empresa n.º 10 mudou o seu processo de entrevista após a revisão da conversão do pipeline de candidatos, e como resultado, não gastaram tanto tempo a entrevistar candidatos não qualificados e também receberam um resultado melhor. A fase de oferta é muito pouco rastreada, mas o exemplo trazido pela empresa n.º 6 mostra que o rastreio da razão de rejeição pode dar uma boa ideia sobre o que melhorar. Pode-se ver claramente que o seguimento destas métricas e a sua análise pode ser benéfica para a empresa, no entanto, não há muitas empresas que as estejam a medir. Mais uma vez, talvez este passo não tenha sido um ponto de dor para aqueles que não estão a medir quaisquer métricas nesta fase.

De um modo geral, pode concluir-se que ser orientado pelos dados é importante para algumas empresas e que se tornou mais importante nos últimos anos. Muitas empresas disseram durante a entrevista que tinham pensado em tornar-se mais orientadas para os dados, mas ainda não o fizeram. Uma vez que um dos objectivos da investigação era identificar a forma como os dados se dirigiam aos estonianos

empresas são, então das entrevistas pode concluir-se que algumas empresas são movidas por dados e outras nem tanto. Parece, no entanto, que a tendência está a aumentar.

Outro objectivo desta investigação era obter uma resposta à questão de como as empresas que são impulsionadas pelos dados se tornaram mais eficientes. Surgiram exemplos muito bons de como as empresas melhoraram os seus processos quando analisaram e analisaram dados. Na opinião do autor, a empresa mais orientada para os dados entrevistada foi a empresa n.º 6, tendo também confirmado que tem sido a sua estratégia de recrutamento há já quase dois anos. Como disseram, os principais KPIs que estão a seguir em toda a empresa são o número de contratações (que foram contratadas como dentro e fora do plano), a satisfação dos candidatos, o tempo para contratar e o tempo para preencher para mostrar como melhoraram, então a tabela seguinte (Tabela 1) é ilustrativa, como estes KPIs estão correlacionados entre si.

Quadro 1. Desempenho da empresa nos últimos 1,5 anos

	Number of hires	**Candidate satisfaction**	**Time to hire**	**Time to fill**
23rd Sept 16- 22nd March 17	132	73%	46 days	70 days
23rd March 17- 22nd Sept 17	284	78%	45 days	50 days
23rd Sept 17- 22nd March 18	317	82%	36 days	46 days

Source: No 6 2018

Como se pode ver, todos os KPIs melhoraram com quase o mesmo número de recrutadores de uma equipa. Embora o número de contratações tenha aumentado, o que significa que a carga de trabalho é maior, então a qualidade das entrevistas aumentou à medida que os candidatos estão mais satisfeitos com o processo. Além disso, o tempo de contratação e o tempo de preenchimento diminuíram. Outras métricas que a empresa está a seguir ajudaram a melhorar esses KPIs, como fonte de candidatos, conversão de condutas de candidatos e oferta de razões de rejeição, pode-se ver claramente que se o recrutamento orientado por dados se tornar uma estratégia, então pode levar a um processo de recrutamento mais eficiente.

> *"Deve estar ciente do que está a fazer e os dados são a melhor forma de estar ciente"*. (N.º 6 2018)

CONCLUSÃO

O objectivo da tese actual era investigar, como as empresas e os startups estonianos em rápido crescimento utilizaram dados orientados para a tomada de decisões e como melhorou o seu processo de recrutamento.

O quadro teórico da tese actual expõe a evolução da abordagem orientada para os dados. Começa por dar uma visão geral da história de como a abordagem orientada para os dados evoluiu, o que depois conduz a processos de recrutamento e como utilizar os dados no recrutamento para se tornar mais eficiente.

Como investigação empírica, foram realizadas 12 entrevistas semi-estruturadas com 12 recrutadores de start-ups e empresas estonianas em rápido crescimento. A questão da investigação, à qual o autor queria obter uma resposta, é como os recrutadores das empresas estonianas utilizaram dados para tomar decisões calculadas e como isso afectou o seu processo de recrutamento. 5 etapas do processo de recrutamento que foram propostas pelo autor no final da parte teórica foram a base para analisar como são as empresas orientadas para os dados e que métricas são utilizadas para tornar estas etapas mais eficientes.

O estudo revelou que 50% se as empresas entrevistadas se considerassem a si próprias como sendo orientadas para os dados, o que significa que estão a seguir dados para pelo menos 3 etapas do processo de recrutamento. Ao analisar as respostas com base na teoria - o que significa realmente ser orientado pelos dados, verificou-se que apenas 25% das empresas entrevistadas são realmente orientadas pelos dados.

A etapa de recrutamento mais impulsionada por dados entre as empresas foi a criação de anúncios de emprego e a escolha de canais. Como todas as empresas estão a contratar talentos de TI, então o seu ponto de dor comum era conseguir rapidamente candidatos de qualidade e, portanto, saber que canais utilizar para atrair talentos era mais medido.

Os segundos passos de recrutamento mais medidos foram o planeamento e as entrevistas -

no entanto, apenas 33,3% das empresas estavam a seguir as métricas nestes passos. Na fase de planeamento, a métrica mais medida era o tempo de contratar. Isto mostra quanto tempo o candidato gasta no processo antes de ser contratado. Ao analisar todo o tempo, bem como o tempo gasto em cada fase da entrevista, os recrutadores podem fazer ajustamentos para tornar o processo mais rápido, bem como esta informação pode ser utilizada para planear a próxima ronda de contratação. Na fase de entrevista, as métricas mais medidas foram a satisfação do candidato e o NPS, a conversão do gasoduto do candidato e, mais uma vez, o tempo a contratar. A satisfação do candidato e o NPS dão um input do que os candidatos pensaram do processo de recrutamento, e pode ser modificado com base no seu feedback. A conversão de candidatos em oleoduto mostra granularmente quantos candidatos se movimentam dentro do oleoduto. Pode ser analisada, por exemplo, qual é a percentagem de pessoas que passam cada etapa da entrevista. Se se verificar que um grande número de candidatos desiste numa determinada etapa, então pode ser analisado, como melhorar o processo de entrevista para identificar candidatos não bem sucedidos mais cedo.

As etapas menos medidas foram a identificação das necessidades de contratação, e a fase de contratação - apenas 25% das empresas foram impulsionadas por dados nestas etapas. Foi confirmado pelos entrevistados, que é difícil identificar as necessidades de contratação, uma vez que as empresas estão a crescer rapidamente, pelo que mesmo a liderança não sabe quem precisa de ser contratado no futuro. No entanto, as empresas tentaram seguir a taxa de rotatividade dos empregados, mas sem qualquer medida tomada, porque os dados não lhes forneciam qualquer informação accionável. A única métrica útil utilizada nesta fase foi o tempo para contratar. Isto foi rastreado para contratações dentro e fora do plano para compreender quantas contratações não podem ser previstas e ajustar as contratações com base nestes dados. Na fase de oferta, foi oferecida a métrica útil rastreada por razões de rejeição. Isto dá à empresa uma visão do que os candidatos querem e, se possível, melhorar nas suas ofertas.

A principal constatação foi que as empresas, que tomaram decisões com base em dados, estão a ser mais bem sucedidas e melhoraram bem os seus processos de recrutamento. Por exemplo, a empresa n.º 6 contratou seis vezes mais pessoas com o mesmo tempo e recursos ou a empresa n.º 10, eliminando candidatos não qualificados no início do processo. Imaginou-se, que leva muito tempo a recolher dados para começar a melhorar os processos em maior escala. No entanto, mesmo dados a curto prazo podem ser úteis em alguns casos. Para uma boa recolha de dados, é necessário um bom ATS que permita a elaboração de relatórios granulares. As empresas mais orientadas para os dados são orientadas para os dados há anos e podem demonstrar claramente melhorias nos seus processos, enquanto que as empresas que recentemente começaram a seguir os dados são mais vagas a esse respeito. O ponto em comum na maioria dos startups impulsionados por dados é que estão no mercado há mais de 6 anos e estão a contratar a um ritmo acelerado.

Com base nos resultados da investigação, o autor sugere que todas as empresas façam planos estratégicos orientados para o seu recrutamento, independentemente da rapidez com que a sua empresa esteja a crescer. Isto permite-lhes tornar-se proactivos em vez de serem reactivos nos seus processos. Para obter bons dados, é importante utilizar um bom ATS que permita, sem esforço, puxar relatórios e analisá-los.

O autor descobre que há muitas possibilidades de mais pesquisas. Por exemplo, podem ser pesquisadas diferentes métricas e possibilidades dentro delas, de forma mais gradual. Além disso, a investigação pode ser alargada à qualidade dos candidatos contratados. Como utilizar os dados para identificar os candidatos de alto desempenho no início do processo, etc. Há inúmeras oportunidades para mais investigação sobre a tomada de decisões em matéria de recrutamento com base em dados.

KOKKUVOTE

ANDMEPOHINE OTSUSTE TEGEMINE VARBAMISEL

Liisi Eenmaa

Viimaste kumnendite jooksul on tavaliseks saanud idufirmad, mis oma ambitsioonidega konkureerivad tihti mitte ainult kohalikul turul, vaid ka ule maailma. Konkurentsivoime sailitamise eesmargil on muutunud ka ettevotte struktuur. Lameda struktuuriga ettevotetes ei ole ainult juhid necessidade, kes otsuseid langetatavad, vaid valdkondi esindavad meeskonnad. Seiline lahenemine toob kaasa rohkem lojaalseidja vastutust votvaid tootajaid.

Tarkade, kalkuleeritud otsuste tegemiseks, mis voivad viia ari eduni, on vaja tugineda andmetele, mitte ainult intuitsioonile. Andmepohiste otsustuste tegemist kasutatakse tanapaeval palju, eriti just idufirmades, aga ka vaikestes kiiresti arenevates agiilsetes ettevotetes. Praeguseks on juba mitmed valdkonnad saanud kasu andmepohisest otsuste tegemisest, alustades toote arendamisest kuni turunduseni. Kuna varbamine mangib keskset rolli ettevotte talentidega varustamises, hakkavad tasapisi ka paljude organisatsioonide varbamismeeskonnad otsuseid andmepohiselt langetama. Kuna ettevotted voitlevad talentide nimel kogu maailmas, siis on oluline, et varbamisprotsess oleks voimalikult tohus, eriti kui varbamise vajadus on suur. Ver voimaldab ettevotetel varvata arukamalt ja kiiremini - saada rohkemja paremaid kandidaate toole vahema ajajajajoupingutustega.

Uurimuse teema on asjakohane, sest andmepohine otsuste tegemine kogub Eesti ettevotete seas autori arvates populaarsust. Praeguse hetkeni ei ole Eestis tehtud uuringuid andmepohise varbamise kohta.

Antud toos uuris autor, kuidas erinevates varbamisprotsessi etappides otsuseid tehakse, ja selgitas, mismoodi andmepohine otsuste tegemine aitab Eesti kiiresti kasvavatel ettevotetel varbamist effktiivsemaks muuta.

Uurimiskusimus on, kuidas andmepohine otsuste tegemine on aidanud ettevotetel oma varbamisprotsesse tohusamaks muuta. Vastuse saamiseks viis autor labi avastusliku kvalitatiivse uuringu ning tegi kvalitatiivse sisu- ja juhtumipohise analuusi. Uuringu tarvis intervjueeriti Eesti ettevotetete 12 varbajat.

Loputoo esimeses osas kirjeldab autor andmepohisuse teoreetilista raamistikku ja arengut. Ver holmab ulevaadet ajaloost, andmepohise lahenemisviisi arengust ja selgitab moisteid, nagu "lean manufacturing" ja "lean startups". Teoreetilisele osale jargneb varbamisprotsessi ulevaade ning selgitus, kuidas varbamist emepohist otsustamist kasutades tohusamaks muuta.

Magistritoo teine osa keskendub uurimistoole. Ver holmab metoodika kirjeldust, mis kasitleb valimi moodustamist, uuringute labiviimist ja analuusimeetodeid. Teiseks esitatakse uurimustulemused. Kolmas osa on tulemusedja arutelud.

Uuringu tulemustest selgus, et 50%, intervjueeritud firmadest arvasid, et nad kasutavad andmepohist otsustamist, mis tahendab, et nad jalgivad andmeid vahemalt kolmel varbamisprotsessi etapil. Analuusides vastuseid teooriale tuginedes ning arvestades seda, mida andmepohisus tegelikult tahendab, leidis autor, et ainult 25% intervjueeritud ettevotetest on oma varbamisotsustes andmepohised.

Koige andmepohisem varbamisetapp ettevotete mar oli tookuulutuse loomine ja kanalite valimine. Kuna koik ettevotted otsivad ITtalente, siis oli nende jaoks suurim valupunkt kiiresti kvaliteetsete kandidaatide leidmine. Seega on oluline teada, miliseid talentide kanaleid talentide ligitombamiseks kasutada.

Jargmisteks moodetavateks varbamisetappideks olid planerimine ja intervjueerimine - 33,3% ettevotetest jalgis nendel etappidel moodikuid. Planeerimisetapis oli koige jalgitavam moodik varbamise aeg. Ver naitab, kui kaua veedab kandidaat aega protsessis enne, kui ta toole voetakse. Analuusides nii tervet protsessi aega kui ka iga intervjuuetapi aega, saavad varbajad teha muudatusi protsessi kiiremaks muutmiseks. Intervjueerimisetapis olid koige moodetumad moodikud kandidaadi rahulolu ja NPS moodik, kandidaatide lehter ja samuti toolevotmise aeg. Kandidaadi rahulolu ja NPS annavad teada, mida kandidaadid varbamisprotsessist arvasid ning intervjuu protsessi saab vastavalt tagasisidele muuta. Kandidaatide lehter naitab detailselt, kui paljud kandidaadid liiguvad igas intervjuuetapis edasi. Kui naiteks leitakse, et suur hulk kandidaate langeb uhes konkreetses etapis valja, siis saab uurida, kuidas parandada intervjuu protsessi, et mitteedukaid kandidaate varem tuvastada.

Uuringu peamise tulemusena selgus, ettevotted, kes on teinud andmepohise otsustamise cma strateegiaks, on oma varbamisprotsessi muutnud oluliselt efektiivsemaks. Naiteks ettevotte nr 6 palkas kuus korda rohkem inimesi sama aja ja ressurssidega parast andmepohist otsustamist. Ettevotte nr 10 korvaldas mittekvalifitseeritud kandidaadid protsessi alguses, saastes intervjuudele kulutatavat aega. Firmades leiti, et andmete kogumiseks kulub palju aega selleks, et saada head ulevaadet olukorrast ja sellest tulenevalt hakata muudatusi tegema. Hea andmekogumise jaoks on vaja head ATSi *(applicant tracking system),* mis voimaldab uksikasjalikku aruandlust. Uuring naitas, et koige paremad tulemad tulemused olid neil ettevotetel, kes olid andmepohist otsustamist praktiseerinud mitmeid aastaid.

Uurimistulemuste pohjal soovitab autor koikidel ettevotetel teha strateegilisi andmepohiseid varbamisplaane, olenemata sellest, kui kiire on nende ettevotetete kasv. Ver aitab ettevotetel muutuda varbamisel proaktiivseks. Selleks, et andmetest kasu oleks, on vaja palju andmeid, mida saab koguda pikema ajaperioodi valtel.

Kasulike emete saamiseks sobre cabeça de kasutada oluline ATS-i, mis voimaldab kerget aruandlustja analuusi.

Autor leiab, et edasiste uuringute jaoks on palju voimalusi. Naiteks saab uurida erinevaid moodikuid ja nende voimalusi rohkem granulaarselt. Samuti voib uurimistood laiendada palgatud kandidaatide kvaliteedi mootmisele - kuidas kasutada andmeid, et tuvastada efektiivsemad tootajad varbamisprotsessi alguses jne. Taiendavate uuringute tegemiseks on arvukalt voimalusi.

LISTA DE REFERÊNCIAS

3 dicas para fazer com que os seus dados se esforcem mais. (2016) Acessível: https://www.thinkwithgoogle.com/marketing-resources/data- medição/data-driven-marketing-business-growth/ (09 Fev 2018)

Armstrong, M. (2009). *Armstrong's handbook ofhuman resource management practice.* 11ª ed., M. (2009). Reino Unido: Página Kogan.

Armstrong, M., Taylor, S. (2014). *Armstrong's Handbook ofHuman Resource Management Practice (Manual de Prática de Gestão de Recursos Humanos de Armstrong).* 13ª ed., M., Taylor, S. (2014). Reino Unido: Ashford Colour press Ltd. Acessível: https://otgo.tehran.ir/Portals/0/pdf/Armstrong's%20Handbook%20de%20Human%20Resource%20Management%20Practice_l.pdf (26 Fev 2018)

Baba, V.V., HakemZadeh, F. (2012). Rumo a uma teoria de tomada de decisão baseada em provas. - *Decisão de gestão.* Vol. 50, Número 5. 832-867.

Em branco, S. (2010). *Porque é que os startups são ágeis e oportunistas -pivotando o modelo de negócio.* Acessível: https://steveblank.com/2010/04/12/why-startups-are- agile-and-oportunistic-%E2%80%93-pivoting-the-business-model/ (28 Jan 2018)

Em branco, S. (2013). Porque é que o arranque sem problemas muda tudo. - *Harvard Business Review.* Maio

Byrne, C. (20 de Setembro de 2011). *Análise de pessoas: Como o Google faz HR pelos números.* Acessível: https://venturebeat.com/2011/09/20/people-analytics-google-hr/ (11 Fev2018)

Byrne, G., Lubowe, D., Blitz, A. (2007). Usando uma abordagem Lean Seis Sigma para impulsionar a inovação. - *Estratégia e Liderança.* Vol. 35, Edição 2. 5-10.

Cheng, T.C.E., Podolsky, S. (1996). *Just-in-Time Manufacturing, Uma introdução.* 2ª ed. Londres: Chapman & hall. Acessível: https://books.google.ee/books/about/Just_in_Time_Manufacturing.html7id=WL95yzpjlTIC&printsec=ffontcover&source=kp_read_button&redir_esc=y#v=onepage&q&f=false (12Fev2018)

Cook, I. (2017). *5 Benefícios de uma Estratégia de Recrutamento com Base em Dados.* Acessível: https://www.visier.com/clarity/5-benefits-of-data-driven-recruitment/?doing_wp_cron=1514483309.8147990703582763636 71875 (02 Jan 2018)

Dhar, V. (2013). Data Science and Prediction. - *Comunicações doACM,* Vol. 56,No. 12. 64-73.

Ferriss, T. (Maio de 2009). *Vanity Metrics vs. Actionable Metrics - Guest Post de Eric Ries.* Acessível: https://tim.blog/2009/05/19/vanity-metrics-vs-actionable- metrics/ (04 Fev 2018)

Hallgren, M., Olhager, J. (2009). Produção enxuta e ágil: motores externos e internos e resultados de desempenho. - *International Journal of Operations & Production Management* Vol. 29, No. 10. 976-999.

Como a Análise e a Aprendizagem Automática Ajudam as Organizações a Reaproveitar Vantagens Competitivas. (2016) Revisão da Tecnologia MIT. Acessível: *https://services.google.com/fh/fHes/misc/white-paper-mit-tr-analytics- machine-learning.pdf* flOFeb 2018)

Intezari, A., Gressel, S. (2017). Informação e reforma em sistemas KM: grandes dados e tomada de decisões estratégicas. - *Journal of Knowledge Management.* Vol. 21,Número 1. 71-91.

Jensen-Eriksen, K. (2016) O papel da análise dos RRHH na criação de GRH com base em dados. Análise de rede textual de blogs em linha de profissionais de RHH. - *Aalto UniversitySchool ofBusiness.* 2-128.

Kalmus, V., Masso, A., Linno, M. (2015). *Kvalitatiivne sisuanaluus.* SAMM. Acessível: http://samm.ut.ee/kvalitatiivne-sisuanalyys (27 de Abril de 2018)

Laherand, M.-L. (2012). *Kvalitatiivne uurimisviis.* Tallinn: Sulesepp

Laureani, A., Antony, J., Douglas, A. (2010). Lean six sigma num call center: um estudo de caso. - *International Journal of Productivity and Performance Management.* Vol. 59, Número 8. 757-768.

Lee, R. (1994) Recruitment in Context.- *Librarian CareerDevelopment.* Vol. 2, Número 2. 3-7.

Lermusiaux, Y. (2005). Cinco passos para uma métrica eficaz. - *Revisão Estratégica dos Direitos Humanos.* Vol. 4, Número 3. 7-7.

Loebbecke, C., Picot, A. (2015). Reflexões sobre a transformação da sociedade e do modelo empresarial decorrentes da digitalização e da análise de grandes dados: uma agenda de investigação. - *Journal ofStrategicInformation Systems.* Vol. 24 No. 3. 149157.

Mader, D.P. (2008). Evolução do Lean six sigma. *Progresso da qualidade.* Vol. 41,No. 1. 40-48.

Mandmach, E. B. (2012) Um Tempo Perfeito para a Utilização de Dados: Utilização da Tomada de Decisão Orientada por Dados para Informar a Prática. - *Psicólogo Educacional,* Vol. 47, No. 2.71-85.

Marler, J., Fisher, S. (2013). Uma revisão baseada em provas de e-HRM e gestão estratégica de recursos humanos. - *Revisão da Gestão de Recursos Humanos 23.* 18-36.

Maurya, A.(14 de Julho de 2010). *3 Regras para Métricas Accionáveis num Arranque Inclinado.* Acessível: https://blog.leanstack.com/3-rules-to-actionable-metrics-in-a- lean-startup-7cf483b0a762 (04 Fev 2018)

McAfee, A., Brynjolfsson, E. (2012). Grandes dados: a revolução da gestão. - *Harward Business Review.* Outubro. 60-69.

McClure, D. (Julho de 2011). *Métricas de Arranque 4 Piratas.* Acessível: http://500hats.typepad.com/ (04 Fev 2018)

Não 1. Entrevista cara a cara do autor, Transcript, Tallinn, 10 de Março de 2018.

N º 2. Entrevista do autor ao Skype, Transcript, Tallinn, 13 de Março de 2018.

N.º 3. Entrevista do autor ao Skype, Transcript, Tallinn, 14March2018.

N.º 4. Entrevista do autor ao Skype, Transcript, Tallinn, 15 de Março de 2018.

Não 5. Entrevista do autor ao Skype, Transcript, Tallinn, 15March2018.

N.º 6. Entrevista do autor ao Skype, Transcript, Tallinn, 31 de Março de 2018.

N.º 7. Entrevista do autor ao Skype, Transcript, Tallinn, 21 de Março de 2018.

N.º 8. Entrevista do autor ao Skype, Transcript, Tallinn, 22 de Março de 2018.

Não 9. Entrevista do autor ao Skype, Transcript, Tallinn, 12 de Março de 2018.

Não 10. Entrevista do autor ao Skype, Transcript, Tallinn, 23 de Março de 2018.

N.º 11. Entrevista do autor ao Skype, Transcript, Tallinn, 23 de Março de 2018.

N.º 12. Entrevista do autor por correio electrónico, Transcript, Tallinn, 30 de Março de 2018.

Olesen, P., Powell, D., Hvolby, H., Fraser, K. (2015). Utilização de princípios lean para impulsionar melhorias operacionais em instalações de contentores intermodais: Um quadro conceptual.- *Journal ofFacilities Management.* Vol. 13, Edição:

3,266-281.

Pande, P.S., Neuman, R.P., Cavanagh, R.R. (2000). *The Six Sigma Way: How GE, Motorola And Other Top Companies Are Honing Their Performance.* Nova Iorque: McGraw-Hill.

Powell, L. (2002). Desdobramento de um nível: nivelamento das estruturas organizacionais e empoderamento dos empregados. - *International Journal of Educational Management.* Vol. 16, Número 1. 54-59.

Puri, R. (19 Dez 2017). *5KillerExemplos de Marketing Orientado por Dados.* Acessível: https://www.wordstream.com/blog/ws/2016/08/25/data-driven-marketing (11 Fev 2018)

PwC's Global Data andAnalytics Survey, BigDecisions™. (2017). BwC, Maio. Acessível: https://www.pwc.com/us/en/analytics/big-decision- survey.html (09 Fev2018)

Raghavi, K., Gopmathan, N. (2013). Papel dos Recursos Humanos como Agente de Mudança na Possibilitação de Práticas de Igualdade de Oportunidades. - *Journal of Economics, Business andManagement.* Vol. l,No. 3. 300-303.

Ramnath, B. V., Elanchezhian, C., Kesavan, R. (2009). Optimização do Inventário Utilizando o Sistema Kanban: Um estudo de caso. *ICFAIJournal ofBusiness Strategy.* Vol. 6, Número 2. 56-68.

Rasmussen, T., Ulrich, D. (2015). Aprender com a prática: como a análise de RH evita ser uma moda de gestão. - *Dinâmica Organizacional.* Dinâmica Organizacional. 1-7.

Robinson, D. (23 de Junho de 2017). *Recrutamento com base em dados e Analíticos de Valor.*
Acessível: https://www.hellotalent.com/blog/data-driven-recruitment-and-valioso-analítico-hellsagiro-talent/ (11 Fev 2018)

Roush, W. (6 de Julho de 2011). *Eric Ries, the Face of the Lean Startup Movement, on How a Once-Insane Idea Went Mainstream.* Xconomia. Acessível: https://www.xconomy.eom/san-ffancisco/2011/07/06/eric-ries-the-face-of- the-lean-startup-movement-on-how-a-once-insane-idea-wainstream/ (4 Fev 2018)

Rousseau, D.M. (2006). Existe tal coisa como a gestão baseada em provas. - *Academia de GestãoRevista.* Vol. 31, No. 2. 256-69.

Rousseau, D.M., Barends, E.G.R. (2011). Tornar-se um profissional de RH baseado em provas. - *Human Resource Management journal* Vol. 21,No. 3.221235.

Sagiroglu, S., Sinanc, D. (2013). Grandes dados - a revisão. - *Departamento de Engenharia Informática da Universidade de Gazi, Faculdade de Engenharia.*

Ancara, Turquia. 42-47.

Gestão científica. (9 de Fevereiro de 2009). Economista. Acessível: http://www.economist.com/node/13092819 (29 de Janeiro de 2018)

Sorescu, A. (2017). Inovação do modelo empresarial orientado para a informação. - *Journal ofProduct Innovation Management* Vol. 34, No. 5. 691-696.

Spender, J-C., Corvello, V., Grimaldi, M., Rippa, P. (2017). Startups and open innovation: a review of the literature. - *European Journal oflnnovation Management.* Vol. 20, Número 1. 4-30.

Stoilkovska, A., Ilieva, J., Gjakovski, S. (2015). Igualdade de Oportunidades de Emprego no Processo de Recrutamento e Selecção de Recursos Humanos. - *UTMS Journal ofEconomics* Vol. 6, No. 3. 281-292.

Sule, M. (2012). Avaliação dos métodos de recrutamento: um estudo de caso de bancos seleccionados em metrópoles de tamale. - *Instituto de Aprendizagem à Distância, Kwame, Universidade de Ciência e Tecnologia de Nkrumah.*

Taylor, S. (2005). *PeopleResourcing.* Londres: Chartered Institute ofPersonnel and Development (Instituto de Pessoas e Desenvolvimento)

Van der Togt J., Rasmussen T. H. (2017). Rumo ao RH baseado em provas. - *Journal of Organizational Effectiveness: Pessoas e Desempenho.* Vol. 4, Número 2. 127-132.

Oɔnapuu, L. (2014). *Kvalitatiivneja kvantitatiivne uurimisviis sotsiaalteadustes.* Tartu: TartuUlikool.

Watson, H.J., Marjanovic, O. (2013). Grandes dados: a quarta geração de gestão de dados. - *Business Intelligence Journal.* Vol. 18,No.3.4-8.

Womack, J. P., Jones, D.T., Roos, D. (1990). *The Machine That Changedthe World (A Máquina que Mudou o Mundo).* Nova Iorque: Simon & Schuster. Acessível: https://books.google.ee/books?hl=en&lr=&id=_n5qRfaNv9AC&oi=fhd&pg=PR7&dq=Womack+J.+P.%3B+Jones+D.T.,+Roos+D..,+(1990).+The+Machine+that+Changed+the+World.&ots=cs3qF4GRyl&sig=xwOQqV - 0Cv3eCG0B_cr2xGGGWQwQ&redir_esc=y#v=onepage&q&f=false (16 Jan 2018)

Womack, J. P., Jones, D. T. (1996). *Lean thinking: banir o desperdício e criar riqueza na sua empresa.* Nova Iorque: Simon & Schuster.

Zikopoulos, P.C., Eaton, C., Deroos, D., Deutsch, T., Lapis, G. (2012). *Compreender os grandes dados: Analyticsfor Enterprise Class Hadoop e StreamingData.* EUA: Empresas McGraw-Hill. Acessível:

https://mail.google.eom/mail/u/l/#search/ingrid.oksaar%40ttu.ee/1633984c56ac0475?projector=l&messagePartId=0,2 (17 Fev 2018)

ANEXO
APPÊNDICES

Apêndice 1. Os dados da organização e duração da entrevista

Company	Organization	Company age	Size	People hired last year	Interview length
No 1	International Startup	< 1 year	> 15	> 10	31:34
No 2	International Startup	> 3 years	> 200	> 200	29:23
No 3	International Startup	> 5 years	> 200	> 100	34:46
No 4	International Startup	> 10 years	> 50	> 20	28:19
No 5	Local Startup	> 5 years	> 50	> 10	23:54
No 6	International Startup	> 5 years	> 200	> 200	42:13
No 7	International Startup	> 3 years	> 200	> 100	34:18
No 8	International Corporation	> 10 years	> 2000	> 200	44:29
No 9	International Startup	> 3 years	> 100	> 50	34:42
No 10	International Startup	> 10 years	> 50	> 10	35:23
No 11	International Startup	> 5 years	> 50	> 10	34:52
No 12	International recruitment agency	> 1 year	< 15	> 20	Email interview

Apêndice 2. Perguntas da entrevista

1. Qual é a idade da sua empresa?
2. Quantas pessoas tem actualmente?
3. Quantas pessoas contratou no ano passado?
4. Quantas pessoas tenciona contratar este ano?
5. Que métricas mede e qual é a base de dados que está a utilizar para eles?
6. O que se faz com a introdução dos dados?
7. Pode trazer exemplos quando tiver tomado decisões com base nos dados?
8. Qual foi o impacto das decisões e como as métricas têm sido melhoradas ao longo do tempo desde que se começou a segui-las?
9. Como é que sabe o que é bom medir?
10. Pode dar um exemplo de como as métricas mudaram desde que começou a utilizar dados para tomar decisões?

Apêndice 3. Processo de recrutamento juntamente com métricas e bases de dados

Step	What metrics can be measured	Databases to track the metrics
Identifying hiring needs and planning	Time to hire Time to fill Employee turnover rate Candidate pipeline conversion	ATS ATS HR systems (Navision, Directo) ATS
Planning (timeline, recruitment plan, interview steps - depending on the hiring needs - backfill, expansion, etc.)	Time to hire Time to fill Candidate pipeline Candidate NPS and feedback	ATS ATS ATS ATS/Survey tools like (Surveymonkey)
Creating job advertisement and choosing channels	Feedback from candidates and coworkers Source of candidates Headhunted messages response rate	ATS/survey tools like (Surveymonkey) ATS ATS/LinkedIn
Interviewing	Candidate pipeline conversion Time to hire	ATS ATS

	Candidate NPS and feedback	ATS/survey tools like (Surveymonkey)
Hiring	Candidate feedback and NPS Offer rejection reasons	ATS/survey tools like (Surveymonkey) ATS

Apêndice 4. Métricas utilizadas pelos recrutadores em cada fase de recrutamento

Recruitment step **Company**	**Identifying hiring needs**	**Planning**	**Creating job ad and choosing channels**	**Interviewing**	**Hiring**
No 1	Time to hire Employee turnover rate	Time to hire	Source of candidates	Candidate feedback (NPS) Pipeline conversion Time to hire	Rejection reasons
No 2	-	-	Source of candidates Response rate	-	-
No 3	-	Time to fill Time to hire	Source of candidates	-	-

		Pipeline conversion			
No 4	-	-	Source of candidates	-	-
No 5	-	-	Source of candidates	-	-
No 6	Employee turnover rate Number of hires	Time to hire Time to fill	Source of candidate From click to application	Candidate feedback Pipeline conversion Time to hire	Rejection reasons
No 7	-	- Will start tracking: Time to hire Time to fill	Employee feedback on the job advertisements Also will start tracking: Source of candidates	- Will start tracking: Time to hire Interviewer Quality	- Will start tracking: Rejection reasons
Recruitment step **Company**	**Identifying hiring needs**	**Planning**	**Creating job ad and choosing channels**	**Interviewing**	**Hiring**
No 8	Turnover rate before probation Turnover before 1st year	Time to hire	Source of candidates	Candidate feedback	-
No 9	-	Time to hire	Source of candidates	-	-
No 10	Employee turnover rate	Time to fill	Job description analysis	Pipeline and conversion	Time to offer

		Time to hire	Source of candidates Response rate	Candidate feedback Time to hire	
No 11	-	Time to hire Time to fill	Source of candidates	Pipeline conversion Candidate feedback Time to hire	-
No 12	-	Time to hire Time to fill	Source of candidates	Pipeline conversion Time to hire	-

Apêndice 5. Em que etapas de recrutamento as empresas estão a ser orientadas para os dados

Recruitment step **Company**	**Identifying hiring needs**	**Planning**	**Creating job ad and choosing channels**	**Interviewing**	**Hiring**
No 1	YES	YES	YES	YES	YES
No 2			YES		
No 3		YES	YES		
No 4			YES		
No 5			YES		
No 6	YES	YES	YES	YES	YES
No 7					
No 8	YES		YES		
No 9					
No 10		YES	YES	YES	YES
No 11					
No 12			YES	YES	
% of companies being data driven	**25%**	**33,3%**	**91,6%**	**33,3%**	**25%**

Apêndice 6. Quantas empresas estão a ser conduzidas por dados versus quantas estão a ser conduzidas por dados em cada passo

Step:	Identifying hiring needs	Planning	Creating job ad and choosing channels	Interviewing	Hiring
Companies who though are being data driven	4	8	12	6	3
Companies who actually are data driven	3	4	11	4	3

Printed by Books on Demand GmbH, Norderstedt / Germany